Margarete Buber-Neumann

Die erloschene Flamme

Schicksale meiner Zeit

Zeitgeschichte

Zeitgeschichte
Ullstein Buch Nr. 33107
im Verlag Ullstein GmbH,
Frankfurt/M – Berlin

Ungekürzte Ausgabe

Umschlagentwurf:
Hansbernd Lindemann
Unter Verwendung eines Fotos:
Porträt *Margarete Buber-Neumann*

Mit freundlicher Genehmigung
der Albert Langen · Georg Müller
Verlag GmbH, München · Wien

Printed in Germany 1989
Druck und Verarbeitung:
Ebner Ulm
ISBN 3 548 33107 6

Juni 1989

CIP-Titelaufnahme
der Deutschen Bibliothek

Buber-Neumann, Margarete:
Die erloschene Flamme: Schicksale
meiner Zeit / Margarete Buber-Neumann.
– Ungekürzte Ausg. – Frankfurt/M;
Berlin: Ullstein, 1989
(Ullstein-Buch; Nr. 33107:
Zeitgeschichte)
ISBN 3-548-33107-6
NE: GT

INHALT

... Es sind Genossen von der KPD, die uns eingeladen haben. Wir sollen einen berühmten Gast kennenlernen, der gerade aus Sowjetrußland gekommen ist. Er heißt Panait Istrati. Ich kenne einen Roman von ihm und habe seinen Namen immer wieder in der kommunistischen Presse gelesen, wo er als großer Freund und Bewunderer der Sowjetunion gerühmt wird.

Es gibt Kaffee. Der Gast sitzt schweigend da, so, als gehe ihn diese Gesellschaft um den runden Tisch nicht das geringste an. Istratis Freundin, eine Schönheit aus dem Morgenland, blickt unsicher von einem zum anderen, als wolle sie aus irgendwelchen unerfindlichen Gründen wegen ihrer Anwesenheit um Verzeihung bitten.

Da lenkt die Gastgeberin, eine aktive Kommunistin, das Gespräch auf die Errungenschaften des sozialistischen Aufbaus in der UdSSR. Als sei dies sein Stichwort gewesen, springt Istrati auf, läuft erregt zum Fenster, rennt zum Tisch zurück, zerrt nervös an dem dunkellila Seidenschal, den er statt Kragen und Krawatte um den Hals geschlungen trägt, bleibt schließlich am Sessel stehen und krampft die Hände um die Lehne. Mit vor Aufregung zitternder Stimme beginnt er eine temperamentgeladene Anklagerede, eine Art Strafpredigt. In abgehackten Sätzen berichtet er über Geschehnisse, deren Zeuge er angeblich gewesen sei. Es geht um Ereignisse, die in Leningrad, in Moskau und an anderen Orten Sowjetrußlands spielten. In seiner Erregung setzt Istrati so viele Dinge als bekannt voraus, daß es schwerhält, ihm überhaupt zu folgen. Als mir — damals war ich noch eine überzeugte Kommunistin — seine Gedankengänge endlich aufgehen, werde ich von Minute zu Minute star-

rer und ablehnender. Das, was Istrati den Anwesenden da ins Gesicht schreit, kann ganz einfach nicht wahr sein! Das ist die typische Propaganda eines Konterrevolutionärs. Behauptet er doch, er habe in Sowjetrußland auf Schritt und Tritt nur Selbstsucht, Schwindel und Ungerechtigkeit gefunden.
Da fällt das Wort »Trotzkisten«, und damit erwache ich aus meiner Erstarrung. Jetzt kann ich mich endlich zurechtfinden: Dieser Istrati und seine Freunde, die Rakowski und Viktor Serge, sind Anhänger Trotzkis und somit nichts anderes als Konterrevolutionäre. Auf eine Zwischenfrage, ob er, Istrati, etwa auch behaupten wolle, daß man unschuldige Menschen in Sowjetrußland verhafte und verurteile, verliert er völlig die Fassung und schreit dreimal hintereinander: »Ja! Ja! Ja!« Als Beispiel für diese Behauptung beginnt er von dem Schicksal einer mit ihm befreundeten Familie aus Leningrad zu erzählen, die man angeblich, obgleich völlig unschuldig, vors Gericht geschleift habe. Das Sowjetregime sei zerfressen von Fäulnis, die nur noch Elend, Feigheit und Sklaverei hervorbringen könne. Auf den Einwand, daß er vielleicht über dem tragischen Schicksal seiner Freunde Russakow, das doch selbstverständlich nur eine Einzelerscheinung in Sowjetrußland sei, die großen Errungenschaften dieses Landes nicht mehr wahrhaben wolle, erfolgte ein Ausbruch, der mir Schauer über den Rücken jagte. Mit erhobener Stimme ruft Istrati, es gebe in Sowjetrußland nicht nur eine, nein, hunderttausend ähnliche Affären, die aber niemals an die Öffentlichkeit drängen, denn in diesem Land triumphiere die Ungerechtigkeit, das Banditentum und die Schreckensherrschaft.
Etwas Seltsames hatte sich mit mir ereignet. Ein Teil meines Ich wußte, daß hier die reine Wahrheit gesprochen wurde, aber der moralische Selbsterhaltungstrieb

des politisch Gläubigen zwang mich dazu, ihn zum Lügner zu stempeln. Mit einem Mal verstummt Istrati, er scheint zu erfassen, wen er da vor sich hat. Mitten im Satz bricht er ab, geht zum Sessel, in dem seine Freundin sitzt, und legt ihr schweigend die Hand auf die Schulter.

Diese Begegnung hinterließ einen tiefen Eindruck. Jahre später, als ich schon keine Kommunistin mehr war, hörte ich von Freunden vieles aus dem Leben Panait Istratis. Er stammte aus der rumänischen Stadt Braila, wo er 1884 als Sohn armer Leute geboren wurde. Sein Vater, den er nicht kennenlernte, war ein griechischer Schmuggler, seine Mutter, die den Sohn zärtlich liebte, eine rumänische Wäscherin. Schon mit zwölf Jahren lief er von zu Hause fort und begann, die Welt zu durchstreifen. Er arbeitete da und dort in allen möglichen Berufen, litt mehr Hunger, als er satt wurde, organisierte Lohnkämpfe der Arbeiter, lernte mit verbissenem Fleiß Französisch und las alles, was ihm unter die Finger kam. Anfang der zwanziger Jahre verfaßte er seine erste Belletristik in französischer Sprache. Istrati, der »Gorki des Balkan«, wie ihn Romain Rolland nannte, glaubte an die Menschen und war dem Leben in allen seinen Höhen und Tiefen abgöttisch zugetan.
Im Jahre 1917 wurde er Anhänger des Bolschewismus, der ihn, wie er später schrieb, »durch seine Geschlossenheit, seine Klarheit und seinen Mut vollkommen gefangennahm« – Mitglied der kommunistischen Partei wurde er hingegen nie. Während seines ganzen Lebens blieb er ein Aufrührer, ein Syndikalist, einer, der für Freiheit und soziale Gerechtigkeit kämpfte. Für alles, was er verfocht, setzte er sein Leben ein, ganz gleich, ob es um das Recht der Armen ging oder um seine Mission als Schriftsteller.

Er hatte schon manches geschrieben und veröffentlicht, doch immer wieder befielen ihn heftige Zweifel an seinen Fähigkeiten als Schriftsteller. Im Jahre 1921 – damals lebte Istrati in Südfrankreich – wurde er schwer krank und war nahe am Verhungern. Da wollte er eine Entscheidung über sein Schicksal erzwingen. Er sandte ein Manuskript an den französischen Schriftsteller Romain Rolland, dem seine ganze Bewunderung gehörte. Im beigefügten Brief bat er Rolland, ihn bis zu einem bestimmten Zeitpunkt seine Meinung über das Manuskript wissen zu lassen. Romain Rollands Urteil sollte aber auch entscheiden, ob sich das Leben für ihn weiterhin lohne.

Er wartete vergeblich auf eine Antwort. Das war noch vernichtender, als es jede negative Kritik gewesen wäre. In seiner bis zur geistigen Verwirrung gesteigerten Verzweiflung verfaßte Istrati einen Abschiedsbrief an Rolland und an das Leben. Dann durchschnitt er sich die Kehle. Dem Verbluten nahe, wurde er im Zimmer eines schäbigen Hotels aufgefunden und ins Krankenhaus nach Nizza gebracht. Den Abschiedsbrief, den man bei dem Bewußtlosen fand, übersandte man dem Adressaten. Kurze Zeit darauf kehrte Rolland von einer längeren Reise zurück und fand gleichzeitig den ersten Brief Istratis sowie das erschütternde Abschiedsschreiben. Er stürzte ins Krankenhaus, wo Istrati in fast hoffnungslosem Zustand lag. Der Bemühung der Ärzte gelang es, ihn zu retten. Von diesem Selbstmordversuch blieb ihm eine breite Narbe an der Kehle zurück, und um sie zu verdekken, trug er stets einen Schal um den Hals.

Als Istrati das Krankenhaus verließ, kehrte er in ein wahrhaft neues Leben zurück. Er hatte nicht nur die Freundschaft Romain Rollands gewonnen: der französische Dichter glaubte an das Erzählergenie Istratis; und

dieses positive Urteil inspirierte ihn zum Schreiben seiner ersten Romane. So entstanden »Kyra Kyralina«, die »Geschichten des Adrian Zograffi« und viele andere Werke.
Panait Istrati war bereits ein anerkannter Schriftsteller, als er endlich seinen sehnlichsten Wunsch verwirklichen konnte, in die bewunderte und geliebte Sowjetunion zu reisen. Als sein Freund Christian Rakowski, ein gebürtiger Rumäne, der bis zum Herbst 1927 sowjetrussischer Botschafter in Paris gewesen war, von seinem Posten abberufen wurde, nötigte ihm Istrati ganz einfach eine Reise nach Sowjetrußland ab. Er begleitete Rakowski zum Pariser Bahnhof, um Abschied zu nehmen. Als sich der Zug in Bewegung setzte, sprang er mit einem Satz hinein, setzte sich neben den schockierten Diplomaten und erklärte ihm mit Nachdruck und Entschiedenheit, daß er unbedingt mit nach Moskau reisen werde. Istrati besaß weder ein Transitvisum noch gar ein Einreisevisum in die Sowjetunion. Es kam ihm, dem Freiheitsfanatiker, nicht in den Sinn, wie kompliziert es für einen gewöhnlichen Sterblichen war, ins »Vaterland des Weltproletariats« vorzudringen, wie hermetisch Sowjetrußland seine Grenzen gegen Ausländer abschloß. Rakowski, ein Anhänger Leo Trotzkis, der, ohne es zu ahnen, bereits seiner Verbannung entgegenfuhr, war aber damals noch akkreditierter Diplomat und konnte deshalb Istrati, dem er freundschaftlich zugetan war, die Schwierigkeiten dieser Reise aus dem Wege räumen. Man machte ihn einfach zu einem Gast, der zu der am 7. November 1927 stattfindenden Zehnjahresfeier der Oktoberrevolution von der »Gesellschaft der Freunde der Sowjetunion« nach Moskau eingeladen worden war. Und Istrati übernahm diese Rolle ohne jeden Argwohn, denn er war ja ein gläubiger Kommunist.

In Moskau reißt man sich um den berühmten Schriftsteller. Überall findet er offene Türen; jede Zeitung wünscht Artikel von ihm; er wird stürmisch gefeiert. Ebenso wie viele andere der ausländischen Delegierten des Zehnten Jahrestages fährt auch er auf Kosten der Sowjetregierung durch das Land und hält Vorträge, in denen er nicht mit Lob über die Errungenschaften der kommunistischen Revolution spart. Bei dieser ersten organisierten Reise faßt er den Entschluß, später auf eigene Kosten und ohne Begleitung das Land des Sozialismus genau kennenzulernen. Man hatte ihm nämlich große Rubelbeträge für seine in Sowjetrußland erschienenen Romane und für die Verfilmung eines seiner Werke ausgezahlt.
»Hätte ich«, so gesteht Istrati später in seinem Bekenntnisbuch, »Sowjetrußland schon nach sechs Wochen verlassen, wie es alle anderen Delegierten von der Zehnjahresfeier der Oktoberrevolution taten, so hätte ich gewiß dithyrambische Artikel darüber geschrieben . . . « Aber mit ihm sollte es anders kommen. Nach kurzem Aufenthalt in Griechenland, Anfang des Jahres 1928, wo ihm seine prokommunistischen Vorträge die Landesverweisung eintrugen, kehrt er noch im Winter 1928 nach Sowjetrußland zurück und tritt zusammen mit seiner Lebensgefährtin sowie einem revolutionären Kreter und dessen Frau die geplante große Fahrt durchs Land des Sozialismus an.
Istrati brachte für diese Reise, die sich über mehr als ein Jahr erstreckte, wesentlich andere Voraussetzungen mit als die meisten Sowjetrußland-Pilger. Er kennt die Welt der Armut; er ist in ihr zu Hause; als Vagabund hat er die Länder des Mittelmeeres und des Nahen Ostens durchstreift, kennt den Balkan, Ägypten, Algerien und Italien. Ihm sind nicht nur alle Varianten des Elends bekannt, er hat so manche Form der Unterdrückung am eigenen Lei-

be kennengelernt. Deshalb gibt es für ihn nicht nur zahllose Vergleichsmöglichkeiten; er hat noch eines vor vielen voraus: er beherrscht die Sprache der Geknechteten. Und so öffnen sich ihm die Herzen der Menschen Sowjetrußlands. Diese Voraussetzungen, verbunden mit persönlichem Mut, mit Klarsicht und einem unerbittlichen Gefühl für politische Moral, lassen Istrati schon nach kurzem Aufenthalt in Sowjetrußland von einem Entsetzen ins andere geraten. Allerorts sieht er die Leiden des Volkes und durchschaut nur zu bald die schändlichen Diktaturmethoden der kommunistischen Partei, deren demoralisierte Vertreter er mit tiefer Verachtung straft. Sein Zorn gilt jenen, »die an der Schüssel sitzen«; und deren Methoden, die Welt zu revolutionieren, empören ihn zutiefst. Gequälten Herzens ruft er aus: »Fahrt dahin, ihr Träume, ihr Pläne! Träume der Hingabe an das neue Heilige Rußland, Pläne des Kampfes zum Schutze der UdSSR . . . «

Auf dieser Reise kommt er zu vielen traurigen Erkenntnissen, doch eine der bittersten ist, daß die sogenannte Diktatur des Proletariats vom moralischen Standpunkt, vom Standpunkt elementarer Gerechtigkeit aus, zutiefst verrottet ist. Außerdem stellt er fest, daß es im Vaterland des Proletariats für niemanden Frieden gibt, nicht einmal für die Parteibürokraten, die sich Tag und Nacht in Sorgen und Ängsten verzehren müssen, ob sie sich auch keiner politischen Abweichung schuldig gemacht haben, ob sie auch stets die von oben befohlene Linie befolgt hätten. –

Zur Frage des Kampfes ums tägliche Brot unter der »Diktatur des Proletariats« findet man in seinen Erinnerungen folgende Sätze: »Wenn das Recht, zu denken und sich frei zu bewegen, bloß noch in der Erinnerung besteht, dann wird das gesicherte tägliche Brot etwas Ungeheu-

res, dann wird es alles. Und das weiß der Diktator und nützt es aus. Er streckt seine Hand aus nach dem Magen des Mannes und gibt ihm zu verstehen: ›Sterben ist nicht das Schlimmste. Das bringt jeder fertig; man sieht es im Krieg und in der Revolution. Aber Hunger leiden und kein Obdach haben und trotzdem leben, das ist schlimmer; und da ich an der Herrschaft bleiben muß, frage ich dich, was du denkst. Und je nachdem, was du denkst, wirst du dein Stück Brot und dein Obdach haben ...‹ Dieses Schlimmste ... dieser Gipfel des Banditentums und der Schreckensherrschaft hat seinen vollkommenen Ausdruck in der Union der Sozialistischen Sowjetrepubliken gefunden, unter der Herrschaft der sogenannten Diktatur des Proletariats ...«
Als sich Istrati, der Syndikalist, über die Funktionen der sowjetrussischen Staatsgewerkschaften klar wird, gerät er in Weißglut. Er stellt die Frage: »Gegen wen kämpfen denn diese Roten Gewerkschaften in der UdSSR eigentlich, welche Daseinsberechtigung besitzen sie, woher stammt ihre ungeheure Stärke in einem Land, wo der Begriff Unternehmer nur noch in der Erinnerung lebt?!« Und er gibt dann selbst die Antwort: »Mit Hilfe der Roten Gewerkschaften diktiert die Partei ihre Gesetze in den Fabriken und den Werkstätten, den Kaufläden, in den Büros und in den Wohnungen, schlechthin überall ...«

Istrati und seine kleine Reisegesellschaft machen sich auf den Weg in den Norden des Landes. Sie erreichen Murmansk. Doch ihr eigentliches Ziel ist das ehemalige Kloster und jetzige Zuchthaus Solowki, das auf einer Insel im Weißen Meer liegt. Der Plan, bis dorthin vorzudringen, verrät ganz Entscheidendes über das Wesen Panait Istratis. Er, der sich während seines ganzen Lebens den

Mitmenschen hingegeben hat, strebt zu den Ärmsten der Armen, zu den politischen Gefangenen der Sowjetdiktatur, mit denen er sich tief verbunden fühlt.
Über diese Reise schreibt Istrati in seinem Buch »Auf falscher Bahn«: ». . . Ein rumänischer Genosse . . . geht als Dolmetscher mit, aber auf meine Kosten . . . Die Fahrt durch Karelien macht einen mächtigen Eindruck auf mich, tausend Kilometer ununterbrochener Waldungen, unzählige einsame Seen . . . In Murmansk sind wir am Ende der ›zivilisierten‹ Welt angelangt. Wir sind am Polarkreis . . . Eine Barackenstadt, es riecht nach Pökelfisch, ein paar spärliche Einwohner gehen gesenkten Hauptes und langsamen Schrittes durch ein weites Gelände . . . Kaum steigen wir aus dem Zug, so betrachtet uns ein Agent der GPU eine Minute lang, winkt dann unseren Dolmetscher heran und führt ihn fort . . . Dem Geleise gegenüber ist eine Wachstube. Durch das Fenster sehen wir, wie man ihn grob anfährt und durchsucht . . . Wird man uns vielleicht alle ins Loch stecken? – O nein. Wenn man noch ein Halb-Offizieller ist, hat man nichts zu fürchten . . . «
» . . . Wir wollen die schrecklichen Solowki-Inseln besuchen, wo die politischen Gefangenen schmachten. Aber wir haben nicht die erforderliche Sondererlaubnis. Ich telegrafiere nach Moskau . . .
Wir gehen Mittag essen. Das Restaurant gehört der GPU . . . Vom Direktor angefangen bis zum Geschirrwäscher und zum Orchester ist jedermann Gefangener . . . «
Zum Schlafen »steckt man uns in zwei Zimmer, deren ganze Einrichtung sich auf zwei Betten beschränkt, was in Ordnung ist. Weniger in Ordnung sind die Wanzen, die in Eskadronen anrücken, sobald wir uns zu einer kleinen Siesta ausstrecken. Lebt wohl, ihr Teuren! Wir räumen schleunigst das Feld . . . Am nächsten Tag verlas-

sen wir Kem und verzichten auf Solowki sowie auf die Antwort aus Moskau ...«

Hätte Istrati mehr Ausdauer besessen, wäre ihm vielleicht die Gunst zuteil geworden, die Besichtigungsbaracke von Solowki in Augenschein zu nehmen, und irgendein krimineller Häftling, ein Agent der GPU, hätte ihm Wunderdinge über das einmalige Gefängnisregime von Solowki vorgeflunkert. – Welche Bewandtnis es mit diesem Totenhaus wirklich hatte, sollte die westliche Welt erst vor einigen Jahren durch Solschenizyns »Archipel GULAG« erfahren.

So reist Istrati also unverrichteter Sache ab und macht sich auf den Weg nach dem Südosten des riesigen Landes, nach Astrachan am Kaspischen Meer. Dort hat er mehr Glück. Er findet seinen Freund Christian Rakowski, der Ende Dezember 1927, nachdem er auf dem 15. Parteitag der KPdSU seine Stimme für die trotzkistische Opposition erhoben hatte, seines Amtes als stellvertretender Volkskommissar des Auswärtigen enthoben und bald darauf verbannt worden war.

»... Wir hatten es eilig, nach Astrachan zu Rakowski zu kommen ... Eine stinkende Stadt. Myriaden von Stechmücken, Pest, Malaria, Cholera ...« Im Hotel wieder alles voll mit Wanzen. »... Ich fluchte daher auf dem Gange wie ein Wilder und verlangte wanzenfreie Betten. Da öffnete sich eine Tür in der Finsternis und ein vierschrötiger Mann kam auf mich zu: ›Bist du es, der so flucht?‹ »Rakowski! Was, du wohnst in einem verwanzten Hotel?« ... Wir stürzen in sein Zimmer ... Ein Tisch voller Papierzeug. Rakowski arbeitet an seinem ›Leben des heiligen Simon‹. Deshalb finde ich ihn dick und schwammig geworden, denn er ist ein Mann des Kampfes und nicht dazu da, ein ›Leben‹ zu schreiben. Außerdem hat er die Malaria und auch noch eine andere Krankheit ...

die er in Astrachan nicht kurieren kann ... « Drei Jahre nach Istratis Tod wurde auch Rakowski ein Opfer der Großen Säuberung, wurde auf einem Schauprozeß zum Tode verurteilt und hingerichtet.
Den letzten und schwersten Schlag für seinen Glauben an das Positive im kommunistischen Rußland erleidet Istrati erst am Ende der Reise bei seiner Rückkehr nach Moskau. Schon im November 1927 hatte er bei einem offiziellen Besuch in Leningrad den alten jüdischen Revolutionär Russakow kennengelernt, den Schwiegervater seines Freundes Viktor Serge, und war von da ab mehrmals Gast bei dessen zahlreicher Familie gewesen. Die Russakows hatten bis zur Oktoberrevolution als Emigranten in Frankreich gelebt und waren dann in ihre russische Heimat zurückgekehrt. Der Familienvater verdiente sein tägliches Brot als Arbeiter in einer Leningrader Fabrik.
Die Tragödie dieser elfköpfigen Familie beginnt mit einem Verleumdungsartikel in der »Leningrader Prawda«. Inspiriert wurde diese Veröffentlichung durch eine einflußreiche Komsomolka (Mitglied des kommunistischen Jugendverbandes), die es auf Russakows Wohnung abgesehen hat. Solche Methoden sind in Sowjetrußland etwas Alltägliches. Doch in diesem Fall kommt noch hinzu, daß der alte Russakow niemals davor zurückschreckte, in der Fabrik seine Meinung zu sagen, und als besonders gravierend, daß man seinen Schwiegersohn, Viktor Serge, als einen Anhänger Leo Trotzkis verdächtigt. Der Schmähartikel in der Leningrader Zeitung, ein vollendetes Lügendokument, in dem Russakow als Kulak, als NEP-Mann und als Konterrevolutionär bezeichnet wird, zielt eindeutig darauf ab, ihn vor Gericht zu stellen und zu verurteilen.
Im Januar 1929, nach seiner langen Reise soeben in Mos-

kau angekommen, bekommt nun Istrati diesen Artikel gegen Russakow in die Hände. Anstatt, wie geplant, Sowjetrußland in einigen Tagen zu verlassen, beginnt er wie ein Löwe für diesen seinen Freund zu kämpfen. Sein Gerechtigkeitsgefühl zwingt ihn nicht nur dazu, empörte und beschwörende Briefe über den Fall Russakow an verschiedene hohe Sowjetinstanzen zu schreiben, er dringt sogar bis zum Vorsitzenden des Rates der Volkskommissare, bis zu Kalinin persönlich vor, um Russakow, der inzwischen vors Gericht geladen wurde, zu retten. Dann eilt er selbst nach Leningrad. Dort sollte er erfahren, mit welchen Mitteln die Parteibürokratie gegen politisch unliebsame Elemente vorgeht. Als williges Werkzeug benutzt man dazu die Belegschaft der Fabrik, in der Russakow arbeitet; man läßt sie eine Resolution gegen den alten Mann annehmen, ein Schanddokument, das folgenden Wortlaut hat: »Russakow mißbraucht die Etikette eines Arbeiters, er täuscht in der Fabrik vor, daß er ein Proletarier sei, während er in Wirklichkeit ein schändliches Anhängsel der inneren Konterrevolution, ein Elender der Schwarzen Hundert, ein verbohrter, antisemitischer Kleinbürger ist. In der Werkstatt betreibt Russakow offenkundige Pogromagitation gegen die UdSSR, wagt es nur nicht, sich anders als in Worten Luft zu machen ...« So also sprach das Volk auf Befehl der Partei. Resolutionen dieser Art und auf gleiche Weise zustande gekommen, waren und sind die Methoden der Kommunisten, allen denen die Gurgel zuzuschnüren, die es wagen aufzumucken.

Ohne Panait Istratis Eingreifen wären Russakow und seine Familie in irgendeinem Konzentrationslager gelandet. So aber erzwang er ein Zurückweichen des Gerichtes. Es kam nur zu einer Scheinverurteilung von drei, zwei und einem Monat Zwangsarbeit für drei Mitglieder der Familie Russakow. Was allerdings aus den Russakows wurde, als die Massenverhaftungen der Großen Säuberung begannen, ist leicht zu erraten.

Panait Istrati verläßt die Sowjetunion, wo, wie er später schreibt, »von Sozialismus keine Rede mehr ist, wo Menschenleben behandelt werden wie Material in einem sozialen Krieg, das man benützt, um eine neue schauderhafte Kaste triumphieren zu lassen ...« Als ein Besiegter, ein Verzweifelter, ein seines Glaubens Beraubter kehrt er über Berlin nach Frankreich zurück. Bis zu seinem Tode im Jahre 1935 bekämpft er den Kommunismus als den Verräter der großen Ideale der Arbeiterklasse. Am Schluß seines Buches »Auf falscher Bahn« stehen folgende erschütternden Sätze: »Eine Flamme, nach tausend anderen, ist erloschen in einem Lande, das reich war an Hoffnungen. Heute weht über diesem Lande nur der eisige Hauch der Selbstsucht, der das Leben erstarren läßt ...«

Die Kraft zu überleben. Fluggast Karl Brunnengraber

Wir hatten zuvor lange warten müssen auf dem Tempelhofer Flugplatz in Berlin – wegen Nebel . . .
»Wie schön der Nebel von oben aussieht«, sagt mein Nachbar vor sich hin. Wir sitzen nebeneinander in den bequemen Sesseln eines Flugzeuges. Ich beuge mich vor und blicke durch das Kabinenfenster auf die blendend weiße Wolkenlandschaft. – »Sind Sie schon mal im Nebel gelandet?« wendet sich der junge Mann an mich. »Ich sage Ihnen, eine sehr gefährliche Sache . . . Könnt' natürlich sein, daß unser Flugzeug schon Radar hat. Da kann's ja nochmal gutgehen . . . «
Mein Nachbar hat schlotternde Angst und verbirgt sie nicht vor mir. Seine dunklen Augen sind erschreckt und traurig.
Ich dachte mir: Die werden schon wissen, was sie zu tun haben nach den Erfahrungen mit der Luftbrücke. Da flogen sie ja auch bei jeder Witterung, in Nebel, Sturm und Schnee. Eben das sage ich meinem Nachbarn, als er mir die Geschichte von einem im Nebel herumirrenden Flugzeug erzählt, das sich nur mit knapper Not vor dem Absturz retten konnte . . .
»Sind Sie aus Berlin?« frage ich, um das Gespräch auf ein anderes Thema zu bringen. »Nein, aus einem kleinen Ort bei Krakau.« – »Aus Krakau? Jetzt erst gekommen?« – »Nein, schon lange.« Mit einem Mal scheint ihm die Lust vergangen zu sein, sich mit mir zu unterhalten. Ich sehe ihn von der Seite an. Sicher ist er ein polnischer Jude. Das hört man an seiner Sprache. Unüberlegt frage ich: »Sie sind doch Jude, nicht wahr?« Er wendet mir sein

Gesicht zu und antwortet fast herausfordernd: »Ja! Und?!« – »Waren Sie unter Hitler auch schon in Deutschland?« – »Und ob!« – »Im KZ?« – »Ja. Warum fragen Sie das?!« – »Weil wir dann Kollegen sind!« – »Sie auch?!« – Er schreit es fast und beugt den Oberkörper vor, so als ob er mir die Hände entgegenstrecken will. – »Was für ein Zufall! Da fliegt man von Berlin nach Frankfurt, redet über den Nebel und dabei gäbe es doch ganz anderes zu bereden.«

»Und wie haben Sie's überlebt?« – »Tja, eigentlich kann man sagen, ich hab' gelebt von einer Uhr zur anderen.«

»Was hat denn das mit einer Uhr zu tun?«

»Wissen Sie, das war nämlich so: Nach der ersten Aktion bei uns zuhause in Polen, als die Deutschen anfingen, die Juden wegzuschleppen, das war gegen Ende 1941, da haben wir mit Vater und Mutter beraten, wie man sich retten könnte vorm Tod. Sie meinten, wir zwei Großen, meine Schwester und ich, gingen wohl am besten freiwillig ins Arbeitslager zur SS, denn wir hatten ja was gelernt. Sie müssen wissen, ich bin Uhrmacher und meine Schwester ist Schneiderin. Fuhren wir also nach Krakau. Überall hörten wir, es geht den Juden ans Leben. Da gab's kein langes Überlegen. Eh' wir uns bei der SS meldeten, sagte meine Schwester: ›Wenn ich wieder rauskomme, wart' ich auf Dich in der Wohnung der Tante in Krakau. Vergiß nicht!‹

Im Arbeitslager war man auch nicht sicher vorm Tod. Eine Selektion nach der anderen. Durch Neue, die reinkamen, hörte ich, daß Vater, Mutter und die kleinen Geschwister schon verschwunden waren. – Weil sie wußten, daß ich Uhrmacher bin, gab mir ein SS-Mann seine Armbanduhr mit dem Befehl, sie so schnell wie möglich wieder in Ordnung zu bringen. Da wußte ich: Solange diese Uhr nicht fertig repariert ist, solange werde ich

nicht auf Transport gehen. Und ich verstand es so einzurichten, daß immer, bevor die eine Uhr ganz fertig war, ich schon die nächste zur Reparatur bekam. Die SS-Leute hatten immer Uhren, die nicht gingen. So lebte ich über zwei Jahre von einer Uhr zur anderen. Ich kam in Arbeitskommandos, ich kam ins Konzentrationslager, und mein Leben hing immer an einer Uhr.
Einmal, das war Anfang 1944, ist es aber schiefgegangen. Ein Capo befahl mir, auch seine Uhr zu reparieren. Er wollte mir ein Stück Brot geben für die Arbeit. Ich steckte die Uhr in mein Hemd, um sie heimlich in der Werkstatt herzurichten. Das sah ein polnischer Mithäftling. Und nun ging's ums Leben. »Gib mir die Uhr oder ich melde dich der SS. Es ist verboten für Häftlinge, zu reparieren!« Ich bettelte, ich flehte ihn an, mich nicht zu verraten. Die Uhr konnte ich ihm nicht geben. Der Capo hätte mich totgeschlagen. Alles umsonst. Er verriet mich, und ich kam in eine Strafabteilung. Da ging es mit Riesenschritten abwärts. Bald war ich ein Muselmann, so hieß im Lagerjargon ein heruntergekommener Häftling, der sich nur noch mühsam aufrecht hielt. Man stellte einen Transport nach Bergen-Belsen zusammen. Ich gehörte dazu. Damit war es eigentlich aus . . .«

Schon lange musterten uns die Mitreisenden kritisch.
Mein Nachbar gestikuliert erregt. Er wischt sich den Schweiß von der Stirn. Sein jetzt wohlgenährtes Gesicht hat immer noch eine verdächtig graue Farbe, und der Ausdruck der Hoffnungslosigkeit in den Augen wird wohl nie wieder verschwinden.
»Eines Tages wurden durch den Lautsprecher 1000 Häftlinge für Aufräumungsarbeiten in Hamburg auf den Lagerplatz gerufen. Es meldeten sich 5000. Alle wollten aus der Hölle Bergen-Belsen raus, jeder wollte unter den 1000

sein. Die Häftlinge schlugen sich gegenseitig mit Knüppeln auf die Schädel. Ich aber kroch durch die Beine der Kämpfenden. Und ich habe es geschafft. Ich war unter den 1000 Auserwählten, war noch einmal gerettet . . . «
Er schildert die Szene – das Prügeln und das Kriechen – so dramatisch, daß selbst die Stewardeß auf uns starrt. – Da wird den Fluggästen mitgeteilt, eine Landung in Frankfurt sei unmöglich, wir würden in Stuttgart runtergehen. Mein Nachbar scheint diese Nachricht überhört zu haben. Nebel interessiert ihn nicht mehr. Im Moment lebt er ganz und gar in der Vergangenheit, in einer Zeit, in der jede Stunde die letzte hätte sein können.
»Beim Aufräumen in Hamburg hatten wir ein gutes Leben. Viel Brot! Die Arbeiter waren freundlich zu uns. Nach einigen Wochen ging das Gerücht, wir kämen zurück nach Bergen-Belsen. Das bedeutete das Ende. Ich stahl eine Zivilhose, eine Jacke und eine Mütze und für alle Fälle eine Zange.
Als wir im Waggon eines Güterzuges zum Transport ins Lager verfrachtet waren, die anderen stumpfsinnig und verzweifelt am Boden hockten, begann ich, mit meiner Zange das Gitter vorm kleinen Fenster des Waggons wegzureißen. Die SS-Bewachung war außerhalb des Waggons in den Bremserhäuschen postiert. Noch war ich nicht ganz fertig, als mich ein Mitgefangener flüsternd fragte – es war ein Russe – : ›Du fliehen? Uns zwei mitnehmen?‹ – Ich war einverstanden. Draußen war es schon dunkel, als ich zuerst den einen, dann den anderen Holzschuh zum Waggonfenster hinauswarf und lauschte. Nichts erfolgte. Dann sprang ich aus dem langsam fahrenden Zug. Alles blieb ruhig. Die SS schlief wohl in den Bremserhäuschen. Gleich nach mir sprangen die zwei Russen. Es brauchte eine Weile, bis ich die Holzschuhe wiedergefunden hatte. Dann schnell die ge-

klauten Zivilkleider über den Häftlingsanzug gezogen. Und so stand ich herzklopfend in der Freiheit. Da wandte sich einer von den beiden Russen zu mir und sagte: ›Du Jude sein. Wir nicht mit Dir gehen!‹ – Das tat weh. Aber, was wollen Sie, wir sind es ja gewöhnt. Ich lief allein viele Kilometer auf Seitenstraßen und Waldwegen. Mich trieb die Angst und der Hunger. Im Morgengrauen sah ich von weitem die Umrisse eines Bauernhauses.
Ich klopfte an die Haustür und sagte, ich sei Ostarbeiter und ob sie nicht Holz kleinzumachen hätten. Das hatten sie. Aber ein Platz zum Schlafen fand sich nicht. Ich hackte das Holz und hatte nur einen Gedanken: Wenn sie doch ein Erbarmen hätten und mir etwas zu essen gäben ... Als die Bauersfrau rief: ›Reinkommen!‹, rannte ich mehr, als ich ging, und wollte in der Küche höflich meine Mütze vom Kopf ziehen. Im letzten Moment besann ich mich, denn, wehe mir, die mitten über den Kopf kahl geschorene Bahn hätte mich sofort als geflohenen KZler verraten. – Sich nur nichts anmerken lassen. In kleinen Stücken aß ich langsam das Schwarzbrot, so als wäre es das Selbstverständlichste von der Welt und nicht die ersten Bissen seit zwei Tagen. – Voller Dankbarkeit, daß man mir zu essen gab, arbeitete ich bis zum Mittag, aber da wäre es beinahe geschehen. Die Bauersfrau stellte eine große Schüssel voll Gemüse und Kartoffeln mitten auf den Tisch. Und ich glaubte, alle Deutschen essen aus großen Schüsseln, wie es im KZ üblich war. Diese Schüssel war allerdings doppelt so groß wie die in Bergen-Belsen, aber ich befand mich ja auch unter freien Menschen ... Ohne viel zu überlegen, griff ich danach, zog sie vor mich und tauchte den Löffel hinein. Auf dem Wege zum Munde aber stockte ich vor den verwunderten Blicken der Bauern und schob mit verlegenem Lächeln die Schüssel in die Mitte des Tisches zurück. Sie

schwiegen und tauchten dann ihre Löffel in die gemeinsame Schüssel. So ist es bei den Bauern dort in der Gegend.

Der Abend kam; ich hinterließ einen Berg gespaltenen Holzes; der Bauer brummte zufrieden, daß ich morgen wiederkommen könne. Ich lief zaghaft in den Wald und wünschte mir für die Nacht, denn es war noch kalt, ein Dach über den Kopf. Auf der Suche sah ich von einem Waldrand aus in einiger Entfernung Baracken, dieselben wie in Bergen-Belsen, aber nicht von einer Mauer mit fünffachem Stacheldraht umgeben, sondern von einem einfachen Bretterzaun. Das konnte nur ein Lager für freie Ostarbeiter sein. Weil ich so sehr fror, beschloß ich, bei Dunkelheit über den Zaun in das Lager einzusteigen und mich irgendwo aufzuwärmen ...«

Die lächelnde Stewardeß stellt jedem Fluggast ein Tablett auf das Klapptischchen und fragt freundlich: »Wünschen Sie Kaffee oder Tee?« Mein Nachbar hat sich im Sessel zurückgelehnt und die Augen geschlossen. Ich berühre seinen Arm: »Wollen Sie Kaffee oder Tee?« Er zuckt zusammen. »Ach, richtig. Natürlich Kaffee, bitte.«

Nach einer Pause frage ich neugierig: »Wie ging es denn dann weiter? Sind Sie also wirklich über den Zaun ins Lager gestiegen? Und dann?« – Langsam kommt seine Antwort: »Ja, und dann versteckte ich mich hinter einer offenstehenden Tür. Die Knie unter das Kinn gezogen, verbrachte ich dort die erste Nacht. Noch ehe es richtig hell war, schlich ich mich raus. Kam ungehindert über den Zaun und durch den Wald zum Bauern. Zwei Nächte ging es gut, aber in der dritten war Fliegeralarm. ›Licht aus!‹ brüllten die Wachsoldaten, und einer ging kontrollierend mit einer Taschenlampe durch die Baracke, kam an die Tür, hinter der ich zitternd kauerte und beleuchtete meine Fußspitzen, die unter dem Türspalt hervorsahen. Da war es aus. Sie packten mich, rissen mir die Mütze vom Kopf und sahen die verräterische Bahn. ›Woher kommst du Judenschwein?! Aha! Ausgerissen!‹ Man schlug mich ins Gesicht. Ich fühlte nichts mehr, wußte nur eins: Jetzt hast du verspielt. Einer brachte mich zur Polizei. ›Morgen, mein Freundchen, ist's vorbei mit dir.‹ Das ist also dein letzter Tag, dachte ich mir. Wissen Sie, da kann man sich nicht mal aufregen. Alle Gefühle sind weg. Damals war ich 22.

Am Morgen hatten sie mit Bergen-Belsen telefoniert, und von dort kam der Befehl, mich sofort ins Lager zu bringen, denn ich müsse verhört werden. Aus dem Hamburger Transport waren noch mehr geflohen. Nach denen suche man. Erst am späten Nachmittag wurde ich von zwei Polizisten im Auto weggefahren. In irgendeinem kleinen Ort machten wir halt. Es war wieder Fliegeralarm. Es schien das Bürgermeisteramt zu sein, in das sie mich brachten. Dort sollten wir übernachten. Der Alarm war zu Ende, das Licht ging an. Man befahl mir, mich hinten im Raum auf den Fußboden zu setzen. Der eine Polizist saß am Tisch vor mir, der andere auf einer Bank an der Wand. Da war kein Laut im Zimmer. Ich mußte eingeschlafen sein. Plötzlich schreckte ich hoch. Die Polizisten schnarchten. Mein Blick ging zur Tür. Ich richtete mich langsam hoch und traute meinen Augen nicht: der Schlüssel steckte im Schloß.

Zwischen dem Tisch und der Wand war der Durchgang keine 30 Zentimeter breit. Mit den Holzschuhen unterm Arm klemmte ich mich hindurch. Die Polizisten schnarchten. Ich stand in zwei Schritt Entfernung und sagte leise: ›Ich muß mal austreten.‹ Die Polizisten schnarchten weiter. – Dann war ich auch schon an der Tür. Lautlos drehte ich den Schlüssel, zog ihn heraus, drückte die Klinke runter. Das Herz schlug nicht, der

Atem ging nicht. Es war kein Geräusch mehr. Ich wußte die Tür zu schließen, den Schlüssel ins Schloß zu tasten, ihn umzudrehen. Beim Herausziehen versagte plötzlich der Mut.

Ich huschte durch einen Korridor, fand die Haustür und rannte durch dunkle Straßen, über freies Gelände. In einem Wald brach ich zusammen. Ich hab' gezittert wie ein Epileptiker; Speichel rann mir aus dem Mund. Ich wurde ohnmächtig. Als ich wieder zu mir kam, merkte ich, daß ich, ohne zu wissen, was ich tat, wie ein Tier ins Gebüsch gekrochen war.«

Er beugt sich zum Fenster; kein Nebel mehr in Stuttgart.

»Gleich am Morgen klopfte ich bei einem Bauern. Wieder bin ich ein Ostarbeiter, der Holzhacken will und eine Schlafstelle in der Scheune sucht. Der Bauer mustert mich. ›Na gut, kannst in der Scheune schlafen ...‹ Glück muß man haben! Im Heu versteckte ich mein Häftlingszeug, das ich unter den Zivilsachen trug. Es war doch schon Anfang April, und man fror nicht mehr so.

Ich hackte Holz, bekam zu essen und verließ mit keinem Schritt den Hof. An einem Tag – ich war beim Holzhakken – kam einer in das Tor gegangen gerade auf mich zu. Ein uniformierter SS-Mann. Ich stelle die Axt hin und erwarte den Schlag ins Gesicht. Doch der nimmt die Hände nicht aus den Taschen, sondern fragt: ›Wie lange arbeitest du schon hier?‹ – ›So gegen eine Woche‹, sage ich. – ›Wo ist der Bauer?‹ Ich weise mit der Hand aufs Haus. ›Wenn du heute abend fertig bist, kommst du zu mir Holz hacken! Verstanden?!‹ – ›Jawohl!‹

Aber der Bauer gab mich nicht her.

Im Dorf waren auch Kriegsgefangene. So gegen den 12. April 1945 kommt einer von denen, ein Franzose, in den Hof gesprungen und winkt aufgeregt: ›Schnell kommen! Die Engländer sind da!‹ Ich stelle die Axt hin und folge

ihm. Über die Dorfstraße fahren Tanks. Ich sehe zum erstenmal englische Uniformen. Was das alles bedeutet, begreife ich erst, als der Franzose auf einen Jungen zugeht und ihm ein Hakenkreuz aus Metall von der Mütze reißt, es zerbricht und mit dem Fuß drauftritt. Da wußte ich: jetzt darfst du leben. Ich begann zu singen und zu tanzen, mitten auf der Dorfstraße ... Am 14. April 1945 kam ich nochmals zur Welt ...
Ich bin zum Bauern gelaufen, habe meine Mütze vom Kopf gezogen und ihm die geschorene Bahn gezeigt. ›Bauer‹, habe ich gesagt, ›wissen Sie, daß ich ein Jude bin, geflohen aus Bergen-Belsen?!‹ – ›Hab' mir gleich gedacht, mit Ihnen ist was nicht richtig‹, sagt er. – ›Bauer‹, sage ich, ›jetzt wird Furchtbares über Euch kommen. Die KZler aus Bergen-Belsen! Und die werden plündern und brennen!‹ Ich schrieb auf ein Brett: ›Hier darf nicht geplündert werden. Dieser Bauer hat einem Juden das Leben gerettet‹ und nagelte es ans Hoftor. – Aber wissen Sie, was da aus dem Lager kam, das war nichts mehr. Zu schwach und ausgehungert. Keiner hat geplündert ... Nur um Essen haben sie gebettelt ...
Der Bauer schenkte mir ein Fahrrad, und ich machte mich auf den Weg, meine Schwester zu finden. Das war eine lange Reise. Im KZ Groß-Rosen waren noch Kranke, ehemalige Häftlinge, die erzählten mir, daß meine Schwester überlebt habe. Ich suchte weiter und erinnerte mich plötzlich an unsere Verabredung beim Abschied im Jahre 1941, sie wollte doch bei der Tante in Krakau auf mich warten. Sie werden's nicht glauben: sie war dort. Nach vier Jahren sahen wir uns wieder. Nur wir zwei sind von der Familie geblieben.«
Unser Flugzeug landet in Stuttgart. Wir gehen über den Flugplatz wie Leute, die sich seit Jahren kennen und besteigen gemeinsam den Bus nach Frankfurt.

Ich möchte wissen, ob er in Frankfurt lebt. »Nein, das nicht. Wir wohnen in Berlin. – Wollen Sie die Fotos von meiner Frau und meinem kleinen Sohn sehen?« Ein schmächtiges, altkluges Kindergesicht und eine Frau, die niemals jung gewesen zu sein scheint. Dann noch ein Foto: »Das ist mein Laden.« Ein viel zu großes Schild mit dem Wort UHREN und darunter in kleinen Buchstaben der Name: *Karl Brunnengraber.*

Mein Nachbar summt vor sich hin. Wohl ein jiddisches Lied. Ich frage, ob er sich in Berlin wohl fühle. Aber auch, was er von der Zukunft Deutschlands denke und weshalb er ausgerechnet in diesem Land bleiben wolle, wo er soviel Schreckliches erleben mußte.

»Wissen Sie«, erklärt er mit großer Geste, »es ist ja ganz gleich, wo man lebt. Überall kann einen das Schlimme erreichen. Sicher wird es wieder Krieg geben, sicher kommen solche Leute wie wir wieder ins KZ. Aber ich sage Ihnen – ehrliche Wort – für mich hat sich das Leben gelohnt!« Dabei leuchten seine Augen, und ich denke, wie schön, daß es ihm jetzt gut geht mit seiner Frau und seinem Söhnchen.

»Sie müssen nämlich wissen, ich habe eine Erfindung gemacht, die kann mir niemand mehr nehmen. Die bleibt auch, wenn sie mich liquidieren sollten.« – Er krempelt den Ärmel seiner Jacke hoch und zeigt mir eine Armbanduhr. »Sehen Sie, hier ist meine Erfindung. Schon in vier Ländern patentiert.« Dazu gibt er eine lange Erklärung, von der ich kein Wort verstehe.

»Und in meinem Kopf habe ich noch fünf weitere Erfindungen. Vielleicht bleibt mir noch die Zeit, sie alle zu verwirklichen . . . «

Es klingelt an der Tür meiner Wohnung in Frankfurt. Ich öffne. Eine alte Frau, der die Zähne im Unterkiefer fehlen, steht schwer atmend vor mir und stammelt: »Kennen Sie mich denn nicht mehr?! Ich bin doch Johanna Langefeld, die ehemalige Oberaufseherin von Ravensbrück!« – Dann sitzt sie mir, einem ehemaligen Häftling des Konzentrationslagers Ravensbrück, am Tisch gegenüber. Sie spricht viele Stunden lang, findet sich nicht mehr zurecht in den Jahren, versucht, ihre Haltung in Ravensbrück zu erklären, gibt ein Bild von Himmler, den sie manchmal noch »Reichsführer« nennt, und berichtet von ihrem Schicksal nach 1945, einer Odyssee unserer Zeit.
Vierzehn Jahre vor dieser Begegnung hatte ich die Langefeld das letztemal gesehen, und zwar in ihrem Dienstzimmer im KZ Ravensbrück, wo ich als Häftlingssekretärin tätig war. Nach einem Telefonanruf zog sie sich ihre Uniformjacke an, setzte die Mütze auf und reichte mir mit einer beinahe feierlichen Geste die Hand, was nicht nur ungewöhnlich, sondern im Lager verboten war. Dazu sagte sie: »Wissen Sie auch, daß Ramdor eine Bestie ist?« Dann verließ sie das Büro.

Am nächsten Tag sperrte mich die »Bestie Ramdor«, der Gestapomann von Ravensbrück, ins Lagergefängnis, wo ich 15 Wochen in Dunkelarrest verbrachte. Wie ich später erfuhr, verhängte die Gestapo über die Langefeld Hausarrest und trennte sie von ihrem Kinde. Kurze Zeit später wurde sie nach Breslau transportiert, wo sie vor ein SS-Gericht gestellt werden sollte. Ihre Anklage lautete: Sympathie für nationale Polen. Außerdem sei sie ein Werkzeug politischer Häftlinge des Lagers gewesen.

Bis zu ihrer Verhaftung hatte die Langefeld als SS-Oberaufseherin einen hohen Posten in der Lagerhierarchie bekleidet, war ein langjähriges Mitglied der NSDAP und gehörte der Waffen-SS an. Ich frage Frau Langefeld, ob ihre Verhaftung durch den Lagerkommandanten sowie ihre Anklage vielleicht nur ein Vorwand gewesen seien, sie aus Ravensbrück zu entfernen. Bei der Antwort stellt sich heraus, daß sie schon seit 1940 mit den ihr übergeordneten Dienststellen des Lagers in ständigem Konflikt lebte. Immer wieder sei es zu Auseinandersetzungen mit dem Lagerkommandanten Koegel gekommen, weil sie sich offen gegen dessen rabiate Anordnungen wandte und versuchte, sie abzubiegen oder zu durchkreuzen. Unter jenen, die uns im Lager bewachten, den SS-Aufseherinnen und den SS-Männern, bildete die Langefeld eine lobenswerte Ausnahme, doch war sie nicht die einzige, die versuchte, sich dem mörderischen Regime entgegenzustellen. Als überzeugte Nationalsozialistin mußte sie dadurch in einen ausweglosen Konflikt geraten.

In jeder Diktatur spielen Ideologien eine entscheidende Rolle, aber auch die Träger solcher Ideologien sind Menschen von Fleisch und Blut, Menschen, die häufig, bevor sie zu Anhängern einer totalitären Ideologie wurden, anständig gewesen waren. Alle, die das Unglück haben, zu Werkzeugen einer Diktatur zu werden, sind Menschen, deren Charakter entweder stark genug ist, um den vielen gefährlichen Versuchungen der Ausübung von Macht widerstehen zu können, oder die aus Schwäche zu willenlosen Werkzeugen des totalitären Staatsapparates werden.

Die Langefeld stammte aus einer religiösen und nationalistischen Beamtenfamilie des Rheinlandes. Ihr Nationalismus, der die Vorbedingung wurde für den späteren Eintritt in die NSDAP, erhielt einen besonderen Auftrieb während der Besetzung des Rheinlandes durch die Franzosen. Einmal gestand sie mir in Ravensbrück, daß sie stolz sei, den Vornamen Johanna zu tragen, den gleichen, wie die Heldin aus den Freiheitskriegen von 1812, Johanna Prochaska, die als Mann verkleidet in einem Freikorps gekämpft hatte. Auch diese Johanna bedauerte, nicht als Mann geboren zu sein, um gegen den Erbfeind Frankreich ins Feld ziehen zu können. Wie man allerdings einen solchen Haß mit tiefer Religiosität verbinden kann, bleibt mir ein Rätsel. Und diese Frau war wirklich ein religiöser Mensch. Das war schon bei der Wahl ihres Berufes ausschlaggebend. Nach kurzer Ehe verlor sie ihren Mann, und da die Familie durch die Inflation verarmt war, entschied sie sich, Gefängnisbeamtin zu werden, um unter den Ärmsten der Armen Gutes zu tun. Dieser Beruf sollte sie als Aufseherin ins Konzentrationslager führen. Das mußte bei ihrer Tätigkeit im Lager zu Glaubenskonflikten führen. Ihre Vorgesetzten, wie der erwähnte Kommandant Koegel, waren sadistische Verbrecher. Schon als das Frauenkonzentrationslager Ravensbrück im Jahre 1940 in Betrieb genommen wurde, holte Koegel zu einem Schlag gegen die unbequeme Untergebene aus. Das ereignete sich beim ersten Besuch Heinrich Himmlers in Ravensbrück. Koegel erbat von ihm die Zustimmung für die Einführung der Prügelstrafe, weil es zu einem ernsten Zwischenfall gekommen sei. Ein weiblicher Häftling hatte die Langefeld mit einem Messer bedroht. Die Oberaufseherin, für die dieser Vorschlag völlig überraschend kam, protestierte energisch. Bei der Vorstellung, man könne Frauen über einen Bock schnallen und prügeln, geriet sie außer sich vor Empörung. Ihr wurde klar, daß Koegel damit seine sadistischen Gelüste befriedigen wollte.

Die Besprechung mit Himmler fand in Gegenwart der gesamten Lagerobrigkeit und einer Reihe von SS-Aufseherinnen in einem Büro der Kommandantur von Ravensbrück statt. Himmler saß neben einer Aufseherin, die auf dem in der Nähe gelegenen Gutshof des hohen SS-Funktionärs Pohl die Hühnerzucht betreute. Diese Aufgabe faszinierte den »Reichsführer« offenkundig nicht nur als Rassenforscher, sondern auch als Diplomlandwirt. Während die Langefeld versuchte, Himmler für ihre Argumente gegen die Prügelstrafe zu gewinnen und nicht daran zweifelte, er müsse eigentlich ihrer Meinung sein, da sie damals von seiner Ehrenhaftigkeit noch fest überzeugt war, würdigte er sie nicht einmal einer Antwort, sondern unterhielt sich angeregt über die Erfahrungen und Erfolge bei der rassischen Veredelung von Hennen. Als seine diesbezügliche Wißbegierde schließlich gestillt war, verfügte er, ohne die Einwände der Langefeld auch nur anzuhören, die Einführung der Prügelstrafe für weibliche Häftlinge. Damit erlitt die Bewunderung der Langefeld für ihren obersten Vorgesetzten den ersten Dämpfer.

Wie aber mußte es im Kopf einer Frau aussehen, die auf der einen Seite den Rassenirrsinn, den Antisemitismus befürwortete, während sie sich andererseits zerquälte, weil man Frauen zu Stockprügel verurteilte? Nach jedem »Strafvollzug«, der einmal wöchentlich stattfand und bei dem die Oberaufseherin vom Kommandanten gezwungen wurde, anwesend zu sein, brauchte sie Stunden, um sich wieder zu beruhigen. Kam aber eine Jüdin in ihr Büro oder fertigte sie einen ganzen Transport nach Auschwitz ab, dann war ihr Gesicht verzerrt und ihre Stimme haßerfüllt. Derselbe Mensch jedoch ging jeden Morgen betend durch das Tor ins Lager und erflehte Kraft, um Böses verhindern zu können. Was für eine unheilvolle Verwirrung!

Im Sommer 1942 fand der Lagerkommandant Koegel

endlich eine Gelegenheit, die ständig opponierende Langefeld loszuwerden. Zum Ausbau des Lagers Auschwitz wurden etwa 1000 Ravensbrücker Häftlinge abkommandiert und die Langefeld als deren Oberaufseherin bestimmt. Bis zu dieser Zeit hatte sie noch keine genaue Kenntnis von den Methoden des Massenmordes in Auschwitz. Die Langefeld geriet mit dem Lagerkommandanten von Auschwitz sofort in Konflikt, als sie erfuhr, daß SS-Männer die Frauen aus den Baracken prügelten, wenn sie nicht schnell genug zum Zählappell antraten. Nach Meinung der Langefeld hätten SS-Männer überhaupt nichts in einem Frauenlager zu suchen. Um ihren Protesten Nachdruck zu verleihen, drohte sie ständig mit Beschwerden nach Berlin und wies auf ihre persönliche Beziehung zu Himmler hin.

Zu ihren Aufgaben in Auschwitz gehörten die Verhöre von Häftlingen, die von Aufseherinnen wegen irgendeines sogenannten Lagervergehens »Meldungen« erhielten. Sie mußte feststellen, ob die Meldung zu recht bestand. Eines Tages brachte man eine Jüdin zum Strafrapport. Laut Meldung sollte sie Äpfel gestohlen haben. Beim Verhör jedoch stellte sich heraus, daß ihr der Anweisungshäftling, eine deutsche Asoziale, also eine Prostituierte, während der Arbeit den Befehl gegeben hatte, die Äpfel zu stehlen. Die Asoziale wurde gerufen und gestand schließlich ihre Rolle beim Apfeldiebstahl, erhielt daraufhin die Meldung, während der jüdische Häftling frei ausging. Voller Wut beschwerte sich die Asoziale beim Lagerkommandanten, der der Langefeld empörte Vorhaltungen machte, weil sie »das Judenweib« geschützt habe. Er versuchte sogar, sie zu zwingen, ihre Entscheidung zurückzunehmen. Die Auseinandersetzung nahm solche Formen an, daß man beschloß, diesen Fall Himmler vorzutragen, da der »Reichsführer« in Kür-

ze in einer Besichtigung in Auschwitz eintreffen sollte. Gleich nach Himmlers Ankunft im Lager berichtete ihm die Langefeld in Gegenwart des Kommandanten von dem Vorfall mit der Meldung und wies vor allem auf die unzulässige Einmischung des Kommandanten hin. Himmler stimmte ihr offensichtlich zu, verschob jedoch den Entscheid bis nach der Besichtigung des Lagers.
Die Häftlinge waren zum Appell angetreten; alle, die einen Posten bekleideten, also auch die Anweisungshäftlinge, standen in der ersten Reihe. Himmler, gefolgt von der Lagerobrigkeit, schritt die Front ab. Plötzlich blieb er vor einem Häftling stehen, einer großen, blonden deutschen Asozialen, musterte sie von Kopf bis Fuß und sagte: »Wie konnten Sie, eine so schöne deutsche Frau, den Beruf einer Asozialen ausüben?! Warum haben Sie sich nicht verheiratet? Haben eine Familie gegründet und Kinder bekommen? . . .« Weiter kam er nicht, denn der Kommandant unterbrach ihn und rief im Tone tiefster Entrüstung: »Aber Reichsführer, das ist ja diese ›Mistbiene‹ mit der Meldung!« Himmler blickte tief betroffen auf den Kommandanten und zischte ihn an: »Wie können Sie es nur fertigbringen, eine Frau mit einem derart häßlichen Schimpfwort zu betiteln?! . . .« Himmler legte offenbar großen Wert auf feine Umgangsformen. Doch beim gleichen Besuch informierte er sich eingehend über das gute Funktionieren der Vernichtungsmaschinerie in Auschwitz.
Nach dreimonatigem Aufenthalt im Lager Auschwitz gelang der Langefeld die Rückversetzung nach Ravensbrück.

Die Oberaufseherin Langefeld stand bei den Häftlingen in dem Ruf, anständig zu sein. Sie brüllte nicht und schlug nicht. Im Herbst 1942 forderte mich die Langefeld als Sekretärin an. Ich hätte damals eine Möglichkeit gehabt, dieser Arbeit zu entgehen, entschied mich nach längerem Überlegen jedoch, es zu wagen, weil man bei dieser Tätigkeit viele Möglichkeiten hatte, Mithäftlingen zu helfen. Mit welchen Gefahren diese Arbeit verbunden sein würde, ahnte ich nicht.

Als ich nun täglich mit der Oberaufseherin in einem Büroraum saß, wurde mir klar, was für ein Mensch sie wirklich war: verwirrt, zerquält und unsicher. Sie ließ sich schon nach den ersten Tagen in Privatgespräche mit mir ein, und es konnte nicht ausbleiben, daß ich sie im Laufe der Zeit menschlich und politisch beeinflußte.

Eines Morgens betrat sie unausgeschlafen und niedergedrückt das Büro. Ein schlimmer Traum hatte sie gequält. Sie begann zu erzählen und schloß mit der Bitte, ich solle ihn doch deuten. Ein Bombengeschwader landete im Lager, wobei sich die Flugzeuge in Tanks verwandelten, aus denen fremde Soldaten stiegen und Ravensbrück eroberten ... Ich bin kein Meister im Traumdeuten, aber hier lag die Erklärung, nach meiner Meinung, auf der Hand, und ich sagte ohne Zögern: »Frau Oberaufseherin, Sie fürchten, daß Deutschland den Krieg verliert«, und fügte nach kurzer Pause hinzu: »Und Deutschland wird den Krieg verlieren ...« Auf diesen Satz hin hätte mich die Langefeld sofort ins Lagergefängnis bringen müssen. Doch sie blickte mich nur entsetzt an und schwieg. Von da an wußte ich, diese Frau würde mir nie etwas zuleide tun. Und das hatte schlimme Konsequenzen. Ich verlor das Gefühl für die Gefährlichkeit meiner Situation und verstrickte mich, um Häftlingen zu helfen, in eine endlose Kette von sogenannten Lagervergehen.

Bestimmten Häftlingsgruppen war die Langefeld besonders zugetan. Ihre ganze Sympathie galt den polnischen Politischen und vor allem den Versuchsoperierten, die

1942/43 zum größten Teil aus den Reihen der zum Tode verurteilten Polinnen gewählt wurden. Wie alle im Lager und auch die Opfer selbst glaubte die Langefeld, die Versuchsoperierten, die »Kaninchen«, wie sie im Ravensbrücker Jargon genannt wurden, seien durch die Versuchsoperation begnadigt und würden nicht erschossen werden.

Im April 1943 lag eines Morgens auf dem Schreibtisch der Langefeld ein Zettel mit zehn Häftlingsnummern, Nummern aus einem Transport zum Tode verurteilter Polinnen. Das bedeutete Hinrichtung. Ich saß an der Schreibmaschine und blickte schweren Herzens hinaus zum Lagerplatz, um zu sehen, wen man in den Tod führte. Die Frauen kamen um die Ecke: Zwei gingen an Krükken. Ohne zu überlegen stieß ich hervor: »Um Gottes willen, sie erschießen doch die ›Kaninchen‹.« Die Langefeld sprang zum Fenster, dann ans Telefon, und ich hörte sie sagen: »Herr Lagerkommandant, haben sie denn eine Erlaubnis aus Berlin, das Todesurteil an den Versuchsoperierten zu vollstrecken?!« Dann wandte sie sich an mich: »Gehen sie raus und schicken sie die beiden ›Kaninchen‹ in die Baracke zurück.« Ihr Eingreifen rettete 75 Versuchsoperierten das Leben. Für die Langefeld und mich jedoch hatte es die schon erwähnten Konsequenzen. Wir wurden beide verhaftet.

Nachdem die Langefeld vom SS-Gericht in Breslau wegen mangelnder Beweise freigesprochen und aus Ravensbrück entlassen wurde, lebte sie mit ihrem Sohn bei einer Schwester in München und arbeitete in den Bayerischen Motorenwerken. Nach dem Ende des Krieges rief man sie eines Tages zu einer Dienststelle der amerikanischen Besatzungsarmee in München. Ihr Name befand sich auf den Listen ehemaliger Wachmannschaften des

Konzentrationslagers Ravensbrück. In der englischen Besatzungszone bereitete man einen Prozeß vor, der später in Hamburg durchgeführt wurde. Die Langefeld gab alles über ihre Tätigkeit im Lager zu Protokoll und durfte daraufhin wieder nach Hause gehen. Doch nicht für lange. Bei der nächsten Vorladung, im Jahre 1946, verhaftete man sie mit der Erklärung, sie müsse als wichtige Belastungszeugin für den kommenden Prozeß sichergestellt werden. Man lieferte sie in ein Münchner Gefängnis ein.

Die Langefeld reagierte gefaßt auf die Verhaftung, obgleich ihr unklar blieb, weshalb das eigentlich nötig sei. Doch schon nach einiger Zeit überführte man sie von München ins Zuchthaus Ludwigsburg, einer Sammelstelle für nationalsozialistische Untersuchungsgefangene. Ihr Einspruch gegen diese Maßnahme hatte keinen Erfolg. Doch Panik und Hoffnungslosigkeit ergriffen sie erst, als man sie einem Transport zuteilte, der an die Polen ausgeliefert wurde. Von da ab dachte sie nur noch an Flucht. Aber es bot sich keine Gelegenheit. Der Transport erreichte Polen. Im zweiten polnischen Gefängnis rief sie eines Tages der Direktor der Haftanstalt zu sich und erklärte, in ihrem Fall liege bestimmt ein Irrtum vor, denn ehemalige polnische Häftlinge aus Ravensbrück seien bei ihm gewesen, um die Listen der verhafteten SS-Leute einzusehen, wobei sie den Namen der Johanna Langefeld entdeckten. Sie berichteten dem Gefängnisdirektor, was diese Frau im Lager für die Polen getan habe, und baten, man solle sie freilassen. Doch bevor der Gefängnisdirektor irgend etwas hätte unternehmen können, ging sie wiederum auf Transport zum nächsten Gefängnis, nach Krakau. Und hier sollte sich ihr Schicksal vollziehen.

Die Häftlinge wurden häufig, obgleich sie noch in Unter-

suchungshaft waren, zu Arbeiten kommandiert. Nur die Langefeld, als Älteste, blieb in der Zelle zurück. Einmal bat sie, auch mitgehen zu dürfen. Man führte die Kolonne durch die Stadt zu einem renovierten Haus, in dem Gefängniswärter neue Wohnungen erhalten hatten, die nun von den Häftlingen geputzt werden sollten. Auf dem Wege durch die Stadt sah die Langefeld einen Christbaum. Betroffen überlegte sie, was denn für ein Datum sei und errechnete den 24. Dezember.
Als die Häftlinge mit der Putzarbeit in den Zimmern fertig waren, schlug die Langefeld der Aufseherin vor, auch noch das Treppenhaus zu wischen. Während der Arbeit – sie war allein, die anderen stellten in den Zimmern die Möbel auf – fiel ihr plötzlich der Weihnachtsbaum ein. Und beim Gedanken, daß sie den Heiligen Abend im Gefängnis würde verbringen müssen, wurde der Entschluß zur Flucht geboren. Sie stellte den Schrubber an die Wand, schritt auf den Tisch zu, wo die Mäntel lagen, zog den ihren an und lief, ohne zu überlegen, die Treppe des Hauses, eines Privathauses, hinunter. Vor der Tür stand ein Posten, der sie nicht anhielt. Sie ging stundenlang durch die Straßen der fremden Stadt, kreuz und quer. Erst als es anfing zu schneien, wurde sie sich ihrer Lage bewußt, und Müdigkeit begann sie zu überwältigen. Inzwischen war es dunkel geworden, und der Wunsch auszuruhen wurde immer heftiger. Daß sie sich gerade für diesen Hof entschied, lag an dem runden Bogen, der das Hoftor überdachte. Sie ging hindurch, hielt Ausschau nach einer geschützten Ecke, war nur ein paar Schritte gegangen, als aus einer Haustür eine Frau auf sie zutrat und sie auf polnisch ansprach. Die Langefeld antwortete: »Ich verstehe sie nicht, ich kann nicht polnisch«, worauf die Frau in deutscher Sprache sagte: »Sie suchen wohl die Tür? Da müssen Sie dort links auf den Knopf

drücken, dann springt sie von selbst auf!« Dabei deutete sie auf das Tor eines Hauses.

»Ich konnte gar nicht anders handeln, ich wurde geführt oder gezwungen, mußte zu dieser Tür gehen und auf den Knopf drücken«, berichtete mir die Langefeld mit zitternder Stimme. »Das Tor sprang auf, und ich stand vor einer Holzwand, die in Kopfhöhe eine schmale Öffnung hatte, wie ein Spalt, und darin ein weibliches Gesicht. Ich hörte polnische Worte und antwortete auf deutsch. Darauf kam die Frage: ›Was wünschen Sie?‹ Und ich erzählte ihr von meiner Flucht. Als ich geendet hatte, sagte die freundliche Stimme: ›Warten Sie einen Augenblick.‹ Eine Tür wurde geöffnet, und ich befand mich in einem Kloster. Man gab mir zu essen, erklärte aber zugleich, ich könne nicht bei ihnen bleiben, doch würde man mich, falls ich einverstanden sei, in Sicherheit bringen. Und so geschah es. Bei Nacht brachte man mich in eine andere Stadt, in ein nächstes Kloster. Dort durfte ich ausruhen, um in der nächsten Nacht weitergeleitet zu werden. Schließlich kam ich in die Wohnung einer polnischen Lehrerin, die im ersten Stock eines Hauses lag, und wie es manchmal so ist, hatte ich mich schon nach einer halben Stunde mit dieser Frau angefreundet. Sie entschied, ich solle bei ihr bleiben, bei ihr leben. Zwei Jahre verbrachte ich in dieser Wohnung, keiner hatte eine Ahnung, daß dort ein Mensch versteckt sei. Ich führte den Haushalt, ohne das geringste Geräusch zu machen, sprach nur im Flüsterton und war glücklich. Dann aber wurde ich schwer krank mit doppelseitiger vereiterter Mittelohrentzündung, und die polnische kirchliche Organisation mußte einen Arzt einweihen. Er heilte mich, erklärte aber, ich könne unmöglich unter solchen Verhältnissen weiterleben. So bewarb sich meine polnische Freundin um eine neue Lehrerinnenstelle in einem kleinen Ort nicht weit von der oberschlesischen Grenze. Sie reiste allein dorthin und erzählte nach ihrer Ankunft im Dorf, ihre Tante käme nach, sie lebe bei ihr und führe ihr den Haushalt. Von da an waren wir ›Tante‹ und ›Nichte‹, und die nächste Zeit, bis zum Auftauchen des OB, des polnisch-kommunistischen Staatssicherheitsdienstes, lebten wir in ländlichem Frieden. Als die neue Gefahr drohte, kamen meine Retter und Beschützer auf eine seltsame Idee. Es gäbe nämlich nur eine Möglichkeit in Polen auf legalem Wege für Menschen wie mich, zu einem Personalausweis zu kommen: Wenn man als Landstreicher aufgegriffen und in ein Vagabundenheim gebracht wurde. Wir entschieden uns zu diesem Schritt. Ich gab meinen Mädchennamen an und erhielt endlich das ersehnte Papier. Schon nach einigen Tagen erschien ›ganz zufällig‹ meine ›Nichte‹ im Heim und holte die Tante zurück ins Dorf.«

Jahre vergingen. Immer und immer wieder erzählte die Langefeld von ihrem Sohn, was wohl aus ihm geworden sein mochte, bis schließlich durch die Organisation der erste Brief mit genauen Angaben, wie er zu beantworten sei, nach München geschickt wurde. Die Schwester der Langefeld reagierte sofort und berichtete alles über den Sohn. Doch das Heimweh ließ nicht nach, und die polnische Lehrerin erkundete Möglichkeiten, die Langefeld in einen Rückführungstransport einzuschmuggeln. Das gelang erst, als 12 Jahre vergangen waren, Gomulka an die Regierung kam und die Verhältnisse in Polen sich auflockerten. So kehrte die Langefeld 1958 nach Deutschland zurück.
Doch mit der Heimkehr endeten nicht ihre Leiden. Sie hat die Kraft verloren, noch einmal ein neues Leben zu beginnen. Sie ist ein gebrochener Mensch, der von

schweren Schuldgefühlen niedergedrückt wird. Als ich sie einmal in München besuchte, erklärte sie mir, daß sie ins Gefängnis möchte, noch mindestens für zwei Jahre, um für alle begangenen Verbrechen zu büßen . . .
Im Januar 1975 ist sie in Augsburg gestorben.

Plötzlich erstirbt das Gemurmel. Die Frauen heben die Köpfe und blicken in Richtung zur Tür. Dort bugsiert die NKWD-Aufseherin einen Schub Neuer in die Zelle. Käthe Schulz gibt mir einen Schubs und flüstert: »Kuck mal, wie die aussehen? Komisch? Nich? Zugänge sind das nich mit den vermodderten Haaren. Die sitzen bestimmt schon lange drin.« Noch bevor ich meine Meinung sagen kann, winkt mir die Zellenälteste, und ich krabbele zu ihr. »Gretuschka«, sagt sie und zeigt auf eine der Neuen, »das ist sicher eine Deutsche wie du. Sprich doch mal mit ihr.« Mühsam krieche ich durch die dicht beieinander sitzenden Frauen. In diesem Gefängnis ist aufrecht gehen verboten.
Unsere Zelle ist total überfüllt. Platz gibt es nur für 25. Doch 110 Häftlinge wurden hineingepfercht. Um das zu ermöglichen, hatte man die 25 Betten, die normalerweise tagsüber an die Wand geschlossen wurden, heruntergeklappt und als Stütze für einen riesigen Bretterboden benutzt, der die ganze Länge und Breite des Raumes bedeckt. Nur vorn bei der Zellentür ist etwas Platz gelassen für zwei große Abortkübel und einen Holztisch mit Fächern an beiden Längsseiten, in denen die Häftlinge ihre Eßschüsseln aufbewahren.
Auf dem Rand des Bretterbodens vorn bei der Tür sitzen die Zugänge. Jede hat ein Bündel auf dem Schoß. Eine unter ihnen ist groß gewachsen und blond. Daß sie eine Ausländerin sein muß, sieht man an der Kleidung. Solche guten Stoffe gibt es nicht in Sowjetrußland.
Hinter ihr kauernd, spreche ich sie an: »Sie sind doch sicher eine Deutsche, nicht?!« – Sie wendet sich mit einem Ruck um, und über das erstarrt wirkende Gesicht

geht ein zaghaftes Lächeln: »Sind Sie auch eine Deutsche?« Ich nicke. »Woher denn?« – »Aus Potsdam«. – »Und Sie?« – »Aus Danzig ... Ich heiße Franziska«. Obgleich wir uns eben erst kennenlernten, redet sie drauflos, so als habe sie lange nicht gesprochen. »Wissen Sie, mein Vater war Kapellmeister in Danzig und ich bin dort in die Höhere Töchterschule gegangen ...« – »Aber, bitte, sage mir doch«, unterbreche ich sie, plötzlich in Du übergehend, »wie kamst du eigentlich nach Moskau? Was hast du denn hier gemacht?!« – »In Moskau? Da endete das Ganze« ... Begonnen hat es, wie Franziska erzählt, mit der Liebe zu einem Kommunisten, einem Mann, der wesentlich älter war als sie. Sie ging mit ihm nach England. Dort erfuhr sie von ihrem Mann, daß er im Auftrage der Sowjetspionage tätig sei.
Im Jahre 1937 erhielt er die Aufforderung, nach Moskau zu kommen. Sie reisten per Flugzeug. Gleich nach der Ankunft wurde Franziska von ihrem Mann getrennt. »Das ging alles so schnell«, erzählt Franziska. »Irgendwelche Männer führten ihn zu einem Auto. Er blickte sich nicht einmal mehr nach mir um ... Als ich ihm nachlaufen wollte, packte mich ein Kerl beim Arm und zerrte mich in ein anderes Auto. Ich schrie und weinte.«
Man brachte Franziska ins Moskauer Untersuchungsgefängnis Butirki. Obgleich schon Monate vergangen waren, hatte sie diese Tatsache nicht zur Kenntnis genommen. Alles, was sie umgab, war ihr völlig fremd. Sie wußte nichts vom Leben in Rußland, nichts von den Massenverhaftungen der damaligen Zeit; die russische Sprache war ihr unbekannt. Sie erlebte die Schrecken der Einlieferung in ein sowjetisches Gefängnis: den Aufenthalt in der »Hundehütte«, einer winzigen Zelle, einer Art Wandschrank, in den man die neu angekommenen Opfer hineinsteckt. Dazu die Erniedrigung der ersten

Körpervisitation. Alles war unmenschlich, grausam und feindlich. Schon während der Einlieferung dürfte Franziska einen schweren Schock erlitten haben. Als wir die ersten Worte wechselten, ich ihr ins Gesicht blickte, war mir klar, daß irgend etwas bei ihr nicht stimmte. Ihre Augen standen keine Sekunde still. Sie liefen immer in einer Richtung, so als sähe sie einem vorbeifahrenden Zug nach.

Franziska rückt dicht an mich heran und flüstert mir ins Ohr: »Du mußt nämlich wissen, ich komme grade aus einem anderen Raum, einer Schule für illegale Arbeit . . . Aber ich habe die Prüfung nicht bestanden. Nun ist alles vorbei . . . « – »Prüfung?« wende ich ein. »Was soll denn das heißen?« – Franziska nimmt meine Frage nicht zur Kenntnis. Sie spricht weiter und steigert sich mehr und mehr in Erregung. »Kannst du das nicht begreifen?! Wir mußten doch in dem anderen Raum ein Examen machen, ob man sich für Spionagetätigkeit eignete.« – »Aber Franziska«, sage ich mit Nachdruck, »das ist doch Unsinn! Du bist hier in einem Gefängnis!« Auch darauf geht sie nicht ein und meint begütigend: »Entschuldige, aber du kannst natürlich nicht wissen, daß es hier ganz besondere Räume gibt für solche Frauen, die unschuldig sind.« Ich explodiere: »Franziska, rede keinen Blödsinn. Alle Frauen, die hier in diesem Gefängnis sitzen, sind unschuldig. Keine hat irgend etwas verbrochen, irgend etwas gegen den Sowjetstaat getan, wie die NKWD behauptet! Hast du verstanden?!« – Franziskas Augen rasen, und sie sagt verängstigt: »Aber weshalb hat man sie denn dann verhaftet?!« Ich fühle mich schuldig und sage milde und ausweichend zu ihr: »Das erzähl' ich dir später . . .«

Tasso, unsere Starosta*, weist jeder Neuen einen Platz

* Starosta ist die von den Häftlingen gewählte Zellenälteste

auf den Brettern zu. Den Aufenthalt in Zelle 31 beginnt der Zugang dicht bei der Tür neben den stinkenden Abortkübeln, also auf dem schlechtesten Platz. Im Gegensatz zu den anderen Zugängen, den vier russischen Häftlingen, die gegen diese Platzverteilung protestieren, fügt sich Franziska schweigend. Von den Russinnen erfahre ich, daß sie mit Franziska zusammen aus einer anderen Zelle des Gefängnisses Butirki zu uns gebracht worden seien, sich schon seit Monaten in Haft befänden und damit, nach ihrer Meinung, Anspruch hätten auf einen besseren Platz. Doch die Starosta läßt sich nicht erweichen.

Wer das erstemal in seinem Leben der Freiheit beraubt wurde, dem ergeht es im Gefängnis am schlimmsten. Der Schock der Verhaftung durch die NKWD bringt ihn völlig aus dem Gleichgewicht. Dazu kommt die Trennung von der Familie, vor allem von den Kindern, und ganz besonders die Tatsache, daß ja alle unschuldig sind. So zermartern sie sich den Kopf, was wohl der Grund ihrer Verhaftung sein mag, und finden keine Erklärung. Viele retten sich in den naiven Trost: Das Ganze muß wohl ein Irrtum sein, der sich bald aufklären wird . . .

Und da hocken sie dann erschreckt und verängstigt im gespenstischen Halbdunkel unserer Zelle, die zu ebener Erde liegt. Damit wir die Sonne und den Himmel ja nie zu sehen bekommen, hat man vor die vergitterten Fenster auch noch Kästen aus undurchsichtigem Glas gehängt. Dem Neuling kommt es so vor, als geschähen in diesem Raum irgendwelche geheimnisvollen Dinge. Man gibt sich Zeichen; manche Frauen sind in ständiger Bewegung, kriechen von einer zu anderen. Kleine Gruppen sitzen eng zusammengedrängt, offenbar in eine verbotene Tätigkeit vertieft, denn um die Beschäftigten herum bilden andere Häftlinge eine Art Schutzmauer gegen die Blicke, die die NKWD-Aufseherin von Zeit zu Zeit durch den »Spion« in der Tür wirft. Jedesmal, wenn neben dem gequälten Neuling eine den Deckel des Abortkübels hebt, um auszutreten, dreht sich ihm der Magen um. Und dann erst die Nacht . . . Dem Häftling stehen auf den Brettern nur 30 cm Platz zu. Es gibt weder Strohsack noch Decke, noch Kopfkissen. Und dazu brennt die ganze Nacht hindurch die in der Mitte der Zelle baumelnde elektrische Birne.

Über all diese Qualen verliert Franziska kein Wort. Sie ist nur von einem beherrscht: Sie sucht Trost wegen ihres angeblichen Versagens. »Wenn ich die Prüfung bestanden hätte, wäre ich nie in die Zelle hier gekommen«, klagt sie mir ihr Leid. »Dann hätten sie mich wieder rausgelassen und zusammen mit meinem Mann zu einer neuen Arbeit kommandiert.« – Nur um ihr einen Gefallen zu tun, frage ich: »Aber wie wurdet ihr denn geprüft?« – »Da mußte man«, erklärt sie mir, »ganz merkwürdige Sachen wissen, die ich nicht verstehen konnte. Die anderen befestigten zum Beispiel an ihren Aluminiumbechern Bändchen in verschiedenen Farben, rote, blaue, grüne, rosa, und auch ich hätte eine ganz bestimmte Farbe wählen sollen, die man mir zugedacht hatte. – Aber ich begriff es nicht, war völlig verzweifelt und wurde von den anderen auch noch ausgelacht . . .« (Die Häftlinge versehen die völlig gleichen Aluminiumbecher mit Zeichen, um die ihren wiederzuerkennen.)

»Beim Spaziergang gab es die Tage für den kleinen und die anderen für den großen Kreis. Die Frauen beobachteten mich immer und warteten darauf, daß ich einen Fehler beginge, nämlich den falschen Kreis wählen würde.« (Die schwachen Häftlinge, die sich nur noch langsam fortbewegen konnten, gingen auf dem Gefängnishof im kleinen Kreis, die stärkeren im großen Kreis.) »Auch in den Bibliotheksbüchern fand man geheimnisvolle Zeichen, die ich hätte entziffern sollen. Aber es gelang mir nicht.« (Wenn die Häftlinge von der Aussage in einem Buch besonders ergriffen werden, kerben sie mit dem Fingernagel Zeichen an den Rand der Seite.) »Nichts habe ich gekonnt! Und nun werde ich zur Strafe verurteilt.« Jedem Häftling, der Deutsch verstand, erzählte Franziska von ihrem Versagen. Man lächelte nachsichtig und tippte sich an die Stirn. Immer wieder versuchte ich, Franziska die Sache mit der Prüfung auszureden. Doch vergebens.

Einmal erwähnt sie ganz zufällig, sie könne nähen. Da kam uns ein rettender Einfall. Von den vier Deutschen in der Zelle trugen drei Poloblusen, die Ähnlichkeit hatten mit den heutigen T-Shirts. Die russischen Mithäftlinge fanden diese Kleidungsstücke sehr schön. Eines Tages erfuhren wir, daß es im Gefängnisladen Männerunterhemden, trussiki, in blauer und weißer Farbe zu kaufen gebe. Franziska meinte, man könne aus zwei trussiki eine Polobluse herstellen. Einige Russinnen, die Quittungen besaßen über Geld, das Verwandte für sie eingezahlt hatten, kauften vier solcher Unterhemden.

Nun war allerdings im Moskauer Gefängnis Butirki Nähen besonders streng verboten. Wehe, wenn wir etwa bei der Herstellung eines Kleidungsstückes erwischt wurden: dann setzte es Spaziergangsentzug, Einkaufssperre und Bibliothekssperre, und immer gleich für die ganze Zelle. Trotzdem wurde leidenschaftlich genäht und gestickt. Für alle 110 Frauen in der Zelle gab es nur *eine* Nadel und etwas Faden, um Löcher zu stopfen und Knöpfe anzunähen. Aber Häftlinge wissen sich zu helfen. So fertigt man zum Beispiel die schönsten Nähnadeln aus Streichhölzern an. Man reibt das Streichholz an der rauhen Zellenwand sorgfältig und langsam von allen

Seiten, bis es ganz dünn wird. Dann stellt man an dem einen Ende, ebenfalls durch Reiben, eine Spitze her; das andere Ende wird mit dem Fingernagel vorsichtig eingekerbt, und dort hinein klemmt man den Faden. Streichholznadeln eignen sich besonders zum Sticken. Dann aber gibt es noch eine raffiniertere Sorte: man opfere aus seinem Kamm einen Zahn und unterwerfe ihn der gleichen Prozedur. Mit der geheiligten offiziellen Zellennadel, deren Verlust schwere Zellenstrafen nach sich zieht, bohrt man sodann, nachdem sie über einer Streichholzflamme glühend gemacht worden ist, durch das stumpfe Ende ein Nadelöhr.

Hinter dem Rücken der Auftraggeberinnen versteckt, beginnt Franziska ihre Arbeit. Aber wie schneidet man eine Bluse zu, ohne eine Schere zu besitzen? Auch dieses Problem wird gelöst. Zuerst wird der Schnitt mit dem verkohlten Ende eines Streichholzes auf den Stoff gezeichnet. Dann schlägt man den Stoff längs der Konturen des Schnittes um, fältelt die so entstandene Kante, zündet sie mit einem Streichholz an, schlägt die Flamme aber sofort wieder aus – und der Stoff ist an der gewünschten Stelle durchgebrannt. Den Faden zum Nähen zieht man aus Kleidungsstücken. Ist man etwa Besitzerin eines Trikothemdes, so reicht dieses nach einem halben Jahr Untersuchungshaft nur noch bis zum Nabel. Es wird von unten her aufgeräufelt. So kam man auch zum Stopfgarn für die Strümpfe. Man verkürzt ganz einfach die Strumpflängen.

Franziska näht mit Hingabe. Alle bewundern sie. Der Erfolg dieser Arbeitstherapie ist überraschend. Immer seltener spricht sie von der »geheimnisvollen Zelle« und der nicht bestandenen Prüfung. Die Realität des Nähens verdrängt die für sie unbegreifliche Tatsache: in einem Moskauer Gefängnis zu sitzen.

Im Herbst geht Franziska, die während eines ganzen Jahres Untersuchungshaft niemals verhört worden war, eines Abends gegen 10 Uhr zusammen mit mehreren anderen Frauen aus der Zelle. »Die bekommen ihr Urteil«, sagen die erfahrenen russischen Häftlinge. Arme Franziska, denke ich. Kein halbes Jahr wird sie in einem Konzentrationslager überleben ...

Zweiundzwanzig Jahre später erfahre ich, sie sei am Leben geblieben und wohne in einer kleinen Stadt nicht weit von Frankfurt. Ich schreibe ihr, und sie kommt zu Besuch.

Wir fallen uns um den Hals. Ich schlucke an den aufsteigenden Tränen. Franziska aber scheint völlig gefaßt zu sein. Sie trägt einen eleganten Pelzmantel, ein schickes Barett, Handschuhe und ein teures Kleid. In diesem Aufputz wirkt sie wie eine greisenhafte Puppe. Das Gesicht der Fünzigjährigen ist von Runzeln überzogen, das Strahlen der Augen erloschen, die Stimme ohne jeden Klang.

Ich kann meine Wißbegierde kaum bezähmen, zwinge mich jedoch zu warten, bis Franziska von selbst zu reden beginnt. Aber nichts. Sie schweigt. Offenbar hat sie nichts zu sagen. Kuchen kauend lächelt sie mich von Zeit zu Zeit an. Schließlich ist's um meine Geduld geschehen. Ich stelle die erste Frage: »Franziska, wohin wurdest du denn gebracht, als sie dich damals im Butirki aus der Zelle holten?« Sie antwortet nicht gleich, sondern scheint angestrengt nachzudenken. Als sie dann jedoch zu reden beginnt, habe ich den Eindruck, als hätte sie die deutsche Sprache verlernt, denn sie formuliert nur ganz primitive Sätze und spricht monoton ohne ein Zeichen von Gemütsbewegung, so als ginge sie das Ganze nichts an. Sie kann sich weder an Namen von Mitgefangenen erinnern, noch weiß sie, wie die Lager hießen, in denen sie sich befunden hat. Auch auf die Frage, wann sich etwas ereignet hätte, kommt keine Antwort. Offenbar hatte sie aufgehört, sich in diesen schrecklichen zwanzig Jahren Lagerhaft und Verbannung sowohl in der Umwelt als auch in der Zeit zu orientieren.

Eines aber ist tief in ihr Gedächtnis eingegraben: »Ich bekam acht Jahre. Sie brachten mich in ein Lager . . .« – »Wie hieß denn das Lager, Franziska?« frage ich. – »Das weiß ich nicht«, sagt sie tonlos, spricht aber dann unaufgefordert weiter: »Es war Winter und dickes Eis an den Wänden. Wir froren und hungerten. Eines Tages wurden wir herausgeholt und in Güterwagen gesperrt . . . «

»Wohin brachten sie euch?« frage ich sie. »Das weiß ich nicht. Als sie uns ausluden, sagte jemand was von einer Insel Karelien oder so ähnlich.« Auf meinen Einwand, Karelien sei keine Insel, reagiert sie nicht. »In Karelien war es sehr schön. Wir arbeiteten in einer Papierfabrik. Es war warm, und wir bekamen besseres Essen.« Ich möchte mehr über dieses Konzentrationslager wissen. Aber vergebens. Dann aber hatte offenbar der Kaffee gewirkt, denn sie beginnt von sich aus zu reden. »Eines Tages fielen Bomben, und da wurden alle Männerhäftlinge im Lager zusammengeholt und abtransportiert.« – »War das vielleicht der Ausbruch des finnischen Winterkrieges?« will ich wissen. »Was für ein Krieg?« fragte Franziska kopfschüttelnd. Über historische Ereignisse stelle ich keine Fragen mehr, denn Franziska ist völlig ahnungslos. Sie weiß nicht einmal, daß es einen Zweiten Weltkrieg gegeben hat.

Bei der Schilderung des nächsten Ereignisses geht Franziska plötzlich aus sich heraus. Die Schrecken waren offenbar so groß gewesen, daß sie Spuren in ihrem erkrankten Gehirn hinterließen. »Wir wurden in Güterzüge geladen. Es war so eng, daß wir nicht liegen konnten, nur hocken. Es gab keinen Kübel, nur ein Loch im Boden. Manchmal hielt der Zug an, und wir bekamen Brot und Wasser. Wenn die Waggontür aufgeschoben wurde, warfen wir die Verhungerten und Erfrorenen raus in den Schnee. Der Zug fuhr und fuhr. Es war entsetzlich kalt. Irgendwann hielt er an. Wir mußten aussteigen. Die meisten fielen ohnmächtig zu Boden. Wir waren nicht mehr gewöhnt, soviel Luft zu atmen.«

»Wo hatte man euch denn hingebracht?« frage ich neugierig. »Das weiß ich nicht. Es war ein sehr großer Platz, auf den sie uns führten, wo sehr große Baracken standen. Eine für Frauen und eine andere für Männer. Es gab keinen Baum und keinen Strauch; es war ödes, flaches Land.« – »Hieß dieses Lager etwa Karaganda?« kommt mir plötzlich in den Sinn. Und Franziska ruft voller Erleichterung: »Ja, so hieß es!« – Durch ihre kurze Schilderung erkannte ich Karaganda, das sowjetische Konzentrationslager, in dem ich selbst zwei Jahre verbrachte.

Als ich ihr das erzählte, wird Franziska lebhaft: »Was! Du warst auch da?!« Und ich berichte ihr von meinen Erfahrungen in den Jahren zwischen 1938 und 1940. Als ich so nebenbei erwähne, was für ein riesiges Lager dieses Karaganda gewesen sei, mit vielen Rayonabschnitten und ungefähr 170000 Häftlingen, kommen Franziska offenbar Zweifel an meiner Darstellung. »So viele?! Wo waren die denn alle?« Sie hatte nie gehört, daß zum Lager zum Beispiel Kohlengruben wie auch Kupferminen und eine kupferverarbeitende Industrie gehörten.

Auf jeden Fall bewirkte meine Kenntnis des Lagers Karaganda bei Franziska eine erstaunliche Veränderung. Mit einem Male bewegte sie sich auf festerem Boden.

Längst in Vergessenheit Geratenes lebte wieder auf, und so beginnt sie von selbst zu sprechen: »Ich wurde Wächterin auf einem Tog.« Tog nennt man von der Grasnarbe befreite Plätze in der Steppe, auf die das geerntete Getreide geschüttet, dann gereinigt und bis zum Abtransport bewacht wird. Franziska muß auf die NKWD-Beamten besonders vertrauenerweckend gewirkt haben, denn man hatte sie zur Wächterin eines Togs gemacht, offenbar in der Annahme, daß sie auf keinen Fall stehlen würde.

Aber auch Franziska konnte, wie sie mir gesteht, der Versuchung nicht ganz widerstehen. »Ich wohnte in einer Strohhütte. In anderen Hütten wohnten Männerhäftlinge. Als ich sah, daß sie sich Getreide nahmen, tat ich das gleiche. Ich zerquetschte die Körner mit einem Stein und vermischte sie mit Wasser zu einem Brei, den ich in meiner Konservenbüchse kochte. Die Konservenbüchse und der Holzlöffel waren doch das einzige Geschirr, das ich besaß. – Ich war die einzige Frau auf dem Tog.« – Da ich einiges über das Leben der Häftlinge auf diesen Togs weiß, frage ich Franziska: »Wie waren denn die Männer zu dir? Haben sie dir keine Liebesanträge gemacht?« – Empört weist Franziska allein schon den Gedanken an sowas zurück: »Mich?! Ausgerechnet mich hätte jemand lieben sollen?! So wie ich aussah, und so heruntergekommen wie ich war! – Nein, an sowas dachte ich nie, und auch die anderen dachten nicht mehr an Liebe.« Hier irrt Franziska. Im Lager Karaganda gab es nicht nur Liebesbeziehungen zwischen kriminellen Häftlingen – sie waren übrigens streng verboten und wurden bestraft –, auch politische Häftlinge, vor allem die Frauen, suchten nach einem Menschen, dem sie liebend vertrauen konnten.

Franziska scheint sich mit Freuden an die Zeit ihrer Tä-

tigkeit auf dem Tog zu erinnern. Wie lange sie währte, blieb unbekannt. Schließlich jedoch wurde sie das Opfer einer Intrige von Frauenhäftlingen, die diesen geruhsamen Posten gern haben wollten, und so kam Franziska in eine Gärtnerei. »Es gab dort Kartoffeln, Gurken und Tomaten. Während der Ernte haben wir uns damit vollgestopft.« Doch nur im Frühjahr, Sommer und Herbst hatte die Gärtnerei ihre Reize, obgleich man auch dort täglich 14 Stunden arbeiten mußte und es niemals einen Sonntag gab. »Im Winter«, erinnert sich Franziska mit Schaudern, »mußten wir Schnee zusammenschaufeln und auf die Felder und Beete der Gärtnerei häufen. Gott, haben wir gefroren ...« Diese Beschäftigung nannte man »Schneeerhaltung«; damit wollte man der Trockenheit entgegenwirken, eine Art Wasservorrat schaffen, falls es im Frühjahr nicht regnen würde. Und eben das tat es in der Steppe meistens nicht.
Sie habe, sagt Franziska, während der Arbeit in der Gärtnerei voller Erregung dem letzten Tag ihrer acht Jahre Haft entgegengesehen. Während der ganzen Haftzeit, und das waren ca. 2920 Tage, zog sie am Abend jedes leidvollen Tages von der Gesamtzahl, die sie fest im Gedächtnis hatte, einen Tag ab. Niemals habe sie diese Prozedur vergessen, versichert sie mir. Als nun der letzte Tag durchlitten war, ging sie zum Natschalnik, dem Leiter der NKWD des Rayonabschnittes Burma im KZ Karaganda, und sagte: »Meine acht Jahre sind um. Ich muß jetzt freigelassen werden.« Der Natschalnik grinste. Er kannte die Gesetze besser: »Du?! Freigelassen?! Du bist doch eine Deutsche! Für dich ist die Zeit noch nicht um ... Ab!« – »Nachdem ich in die Gärtnerei zurückgeschickt worden war«, sagt sie, »hörte ich auf, die Tage zu zählen. Nun war sowieso alles gleichgültig.«
Wieviel Zeit verflossen war, bis sich das große Erlebnis

ereignete, kann ich nicht aus Franziska herausholen. Sie meint, es seien vielleicht zwei weitere Jahre vergangen, als sie eines Tages geholt und an jene Stelle des Lagers gebracht wurde, wo sie einstmals angekommen war. Was sich in der Welt inzwischen zugetragen hatte, wußte sie nicht. Sie hatte 10 Jahre lang hungernd und schuftend dahinvegetiert, kaum Russisch gelernt und deshalb nur selten mit jemandem gesprochen. Nun aber war die große Wende gekommen. Mir ist, als hätte Franziskas Stimme plötzlich einen anderen Klang, als sie berichtet: »Man holte mich und brachte mich auf den großen Platz. Dort standen viele Menschen, Männer und Frauen. Als sie mich näher heranführten, hörte ich: Alle diese Menschen redeten deutsch . . . Ich wußte nicht, ob ich weinen oder lachen sollte, ich lief auf eine Frau zu und fiel ihr um den Hals. Es war so, als hätten die anderen nur darauf gewartet; alle umarmten sich. Diese Menschen waren deutsche Häftlinge aus dem Lager Karaganda . . .«
Und dann geschah etwas, was nur als Sklavenmarkt bezeichnet werden kann. Man befahl den Häftlingen, sich in Reih und Glied aufzustellen. Vor den in Kolonnen Angetretenen saßen auf kleinen Schemeln Russen und suchten Häftlinge aus, die bei ihnen arbeiten sollten. Diese Männer waren Natschalniks, das heißt Leiter von Betrieben, die sich auf diese Weise billige Arbeitskräfte beschafften. Alle Deutschen, die auf dem Lagerplatz standen, hatten ihre Strafe längst abgebüßt und wurden nun von neuem zu sogenannter »freier Verbannung« verurteilt. Ihr Verbannungsort war die Altstadt von Karaganda. Die »freien« Verbannten standen unter Polizeiaufsicht. Natürlich gab es in der Altstadt Karagandas auch viele russische Verbannte und solche aus den nationalen Minderheiten der UdSSR. Diese hatten, im Gegensatz zu den Deutschen, die Möglichkeit, falls sie

mutige Verwandte besaßen, mit Paketen unterstützt zu werden. Eben deshalb war das Los der Ausländer unter den Verbannten viel schlimmer. Für sie gab es weder Briefwechsel noch Pakete.

»Nachdem die Natschalniks ihre Leute ausgesucht hatten«, erinnert sich Franziska, »blieb auf dem Platz ein kleiner Haufen zerlumpter Gestalten zurück. Die wollte niemand haben. Zu denen gehörte auch ich . . . Zufällig stand neben mir eine Deutschrussin, die aus dem Wolgagebiet stammte und Lehrerin war. Ohne sie wär's mit mir wohl bald zu Ende gewesen . . .«

Die übriggebliebenen Häftlinge bekamen den Befehl, sich in einem bestimmten Büro in der Altstadt Karaganda zu melden, in einer Art Arbeitsamt. Die Lehrerin nahm sich der völlig hilflosen Franziska an, füllte für sie einen Fragebogen aus, bei dem es vor allen Dingen um die beruflichen Fähigkeiten ging. Trotz wiederholter Fragen war aus Franziska nicht herauszuholen, was sie früher einmal gelernt hatte. »Ich konnte mich nicht mehr daran erinnern. Mit meinem Kopf war irgend etwas los. Ich hatte kein Gedächtnis mehr«, sagt Franziska mit kläglicher Stimme. Auch Lehrerinnen wurden in Alt-Karaganda nicht gebraucht, und so befahl der Natschalnik den beiden Frauen, sich am nächsten Morgen auf einer Baustelle als Hilfsarbeiterinnen zu melden. Außerdem gab er ihnen die Adresse, wo sie künftig wohnen sollten. Dorthin gingen sie.

An diese »Bleibe« kann sich Franziska gut erinnern: »Es war ein großer halbdunkler Kellerraum, in den eine Treppe hinunterführte. Wir blieben oben stehen und sahen auf ein Gewimmel von Menschen, die durcheinanderbrüllten und scheußlich stanken. Es war ein Durcheinander von Männern und Frauen; sicherlich Kriminelle und Prostituierte. Die Lehrerin tat nur einen Blick auf

diesen Saustall, machte dann kehrt und sagte zu mir: »Hier bleiben wir nicht.«« So gingen die beiden zurück zum Arbeitsamt, wo die Lehrerin in sehr entschiedenem Ton gegen die zugewiesene Behausung protestierte und eine menschlichere Wohngelegenheit verlangte.
»Zu meinem größten Staunen hatte sie Erfolg«, erzählt Franziska. »Man gab uns eine andere Adresse, und damit hatten wir das große Los gewonnen. Wir kamen vor ein Lagertor mitten in der Altstadt Karagandas. Ich wußte gar nicht, daß es auch in russischen Städten Lager gab. Aber hier hatte sich etwas ereignet: Das Tor stand sperrangelweit offen, obgleich hinter dem Stacheldrahtzaun alles so war, wie es sein mußte: die jämmerlichen Hütten aus Lehm, die Lagerstraße und das besser gebaute Haus der Verwaltung ... Etwas zögernd gingen wir durch dieses Tor und betraten eine Lehmhütte. Dort erfuhren wir, daß bis vor einigen Tagen deutsche Häftlinge hier gelebt hätten ...« Tief beeindruckt erzählt Franziska, wie phantastisch sauber alles in diesem Lager gewesen sei. »Sogar die Klobrillen waren nicht beschissen; bei den Russen ist so etwas völlig unmöglich.«
Am nächsten Morgen gingen sie zu dem ihnen zugewiesenen Arbeitsplatz auf der Baustelle. Der Natschalnik vom Bau befahl den beiden Frauen, große, schwere Lehmziegel auf eine Trage zu laden, mit der Last den Laufsteg zum Neubau hinaufzugehen und die Steine dort abzuladen. Sie taten, wie ihnen befohlen worden war. Als sie aber die Trage anheben wollten, brachen beide zusammen ... Der Natschalnik deckte sie mit allen nur erdenklichen Flüchen ein. Aber die Lehrerin war nicht kleinzukriegen: Sie weigerte sich, die Arbeit fortzusetzen, und ging mit Franziska zurück zum Arbeitsamt.

Auch dort wurden sie mit Beschimpfungen und Flüchen bedacht. Da aber die Lehrerin erklärte, sie seien bereit zu arbeiten, doch müsse die Tätigkeit ihren reduzierten Kräften angemessen sein, war man entgegenkommender.

Die Lehrerin bekam Arbeit in einem Büro zugewiesen. Franziska hingegen wurde Putzfrau in einer Schule, einem Gebäude mit zwei Stockwerken, das während der Nacht saubergemacht werden mußte. »Für diese Arbeit gaben sie mir weder einen Schrubber noch einen Putzlappen noch einen richtigen Eimer. Mit einem Sackfetzen und einem Marmeladeneimer mußte ich mich begnügen. Immer wieder fror mir der Sackfetzen am Boden fest. Und vom eisigen Wasser waren meine Hände so aufgesprungen, daß ich vor Schmerzen heulte . . . « Die Arbeit aufgeben hätte für Franziska langsames, aber sicheres Verhungern bedeutet, denn nur die Arbeitenden bekamen Lebensmittelkarten. Und niemand hätte ihr Geld geben können. »Aber alle gaben mir gute Ratschläge. Da ich ja nur nachts arbeiten müsse, meinten sie, könnte ich doch einträgliche Geschäfte auf dem ›Freien Markt‹ machen. Ich könnte mir z. B. einige Kilo Roggenmehl kaufen, daraus mit Wasser, Salz und etwas Hefe einen Teig herstellen und daraus auf dem Eisenofen in der Baracke flache Kuchen, sogenannte Blinikis, backen. Und dieses Gebäck sollte ich dann auf dem Markt verkaufen und damit gutes Geld verdienen. Allerdings könnte ich das nur heimlich tun und dürfte mich vor allem nicht erwischen lassen. Offiziell müßte man nämlich zum Leiter des ›Freien Marktes‹ gehen und bei ihm für einige Rubel einen Erlaubnisschein zum Handeln auf dem Markt erwerben. Wenn man das aber täte, lohne sich das ganze Geschäft nicht mehr . . .

Ich gebe ehrlich zu«, gesteht Franziska, »daß ich furchtbare Angst hatte, als ich das erste Mal, mit meinen Pfannkuchen unter der Schürze versteckt, langsam durch das Marktgewühl ging und vor mich hin flüsterte: ›Blinikis zu verkaufen ... Blinikis zu verkaufen ...‹ – Nur einen Kunden habe ich bedient. Dann war's vorbei. Die Spitzel auf dem Markt hatten mich erwischt, fragten nach dem Erlaubnisschein, und da ich ihn nicht hatte, nahmen sie mir die Blinikis weg, und Strafe mußte ich auch noch zahlen ... Ganz niedergeschlagen kehrte ich in die Baracke zurück, und alle meinten, ich sei ein hoffnungsloser Fall. Damals ging es mit mir schnell bergab. Mein Verdienst und die Marken reichten nur für Brot und Hirsebrei, und das war für Nachtarbeit zuwendig.«

Bei einem Gespräch in der Wohnbaracke erwähnte Franziska so nebenbei, sie könne gut nähen. Das hörte die Lehrerin und begann, sie wütend zu beschimpfen: »Warum hast du mir das nicht schon früher gesagt?!« Franziska stotterte: »Ich habe das Nähen doch nicht richtig gelernt, sondern kann es nur so ... « – »Ach, was heißt hier ›nur so‹! Du bist wirklich eine Idiotin! Sofort komm' mit zum Arbeitsamt!« Und so wurde Franziska einer Näherei zugewiesen, erhielt einen wesentlich besseren Lohn und mehr Lebensmittelkarten. Doch ihre Tätigkeit in der Schneiderei sollte nur einige Tage dauern. Sie brach während der Arbeit bewußtlos zusammen.

»Und damit begann mein Glück«, erzählt sie strahlend. »Glück?! Wie, bitte?!« unterbreche ich sie. – »Ja. Und das war so: Ich kam mit Flecktyphus ins Krankenhaus, und da ich sehr schwach war, dauerte die Krankheit mit allem Drum und Dran mehrere Monate. Die in der Baracke, sogar meine Freundin, die Lehrerin, hatten schon aufgehört, auf mich zu warten, glaubten, ich sei inzwischen gestorben. Als ich dann nach Monaten wieder in der Baracke erschien, trauten sie ihren Augen nicht. Und alle waren sehr lieb zu mir. Einer von den Verbannten sagte mir, daß ich jetzt sehr reich werden würde, weil man mir nach sowjetischem Gesetz für die drei Monate im Krankenhaus einen großen Teil meines ausgefallenen Lohnes zahlen müsse. Ich traute meinen Ohren nicht. Es waren 800 Rubel! Seit Jahren hatte ich nicht mehr soviel Geld auf einmal in der Hand. Ich nähte es mir in einen Beutel und hängte ihn um den Hals, damit er nicht gestohlen würde. Diesem Glück folgte gleich ein nächstes ... Eines Abends kam die Lehrerin nach Hause und verkündete, sie habe eine herrliche Arbeit für mich gefunden. In einem Kohlenbergwerk wurde eine Badefrau gesucht, und als die Lehrerin dem dortigen Natschalnik mitteilte, sie kenne eine Deutsche, die das machen wolle, war er hell begeistert, denn Deutsche würden sauber sein und nicht klauen.

»So wurde ich Badefrau«, berichtet Franziska voller Stolz, »und war sehr glücklich. Die Arbeit war nicht anstrengend und die Lebensmittelzuteilung noch besser als in der Schneiderei. Aber das Wichtigste: In der Grube arbeiteten nur zu ›freier Verbannung‹ verurteilte Deutsche. Und mit denen verstand ich mich wunderbar. Wenn die Schicht begann, mußte ich ihnen die Zivilkleider abnehmen und die Bergwerksanzüge ausgeben. Wenn sie von der Arbeit zurückkamen, erhielten sie von mir ein Handtuch und ein Stück Seife, damit sie sich waschen konnten ... Und was ganz besonders schön war: Nach kurzer Zeit haben mich alle beim Vornamen genannt, für alle war ich Tjotja (Tantchen) Franziska ...« Mehrere Jahre lang ging es gut. Wie viele Jahre, das weiß Franziska nicht mehr. »Dann aber war es aus mit dem Glück«, sagt sie seufzend. »Von einem Tag zum anderen wurden die Deutschen aus der Kohlengrube zu einer neuen Arbeit kommandiert. Als Ersatz dafür kamen russische »Aktivisten«, die übelsten Hooligans (Rowdies), die man sich vorstellen kann. Als dieses Pack zur ersten Schicht einrückte, dachte ich mir: »Um Gottes willen, was wirst du mit denen erleben?!« – Auch sie lieferten die Zivilkleider bei mir ab, und ich gab ihnen die Bergwerksanzüge ... Schon in den ersten Tagen begann es mit der Klauerei. Sie nahmen alles, was nicht niet- und nagelfest war. Handtücher, sogar die Klinken von den Türen im Baderaum. Ich zitterte vor Angst, daß sie einander auch die Zivilanzüge stehlen würden. In meiner Not lief ich zum Natschalnik und schlug ihm vor, er solle kleine Nummernschilder anfertigen lassen, so daß ich jedem Arbeiter, der seinen Zivilanzug ablieferte, eine Marke geben könne, gegen deren Rückgabe er dann nach der Schicht seinen Anzug wiederbekommen würde ... Der Natschalnik vertröstete mich mit dem Satz, den man in Rußland immer wieder hört: ›Saftra budjet‹, das heißt: ›Morgen wird es geschehen.‹ Und das wiederholte sich jeden Tag. Aber es geschah nichts, bis schließlich drei Zivilanzüge fehlten.« In Panik rannte Franziska zum Natschalnik, der ihr ins Gesicht schmetterte, sie sei an dem Diebstahl schuld ... Franziska wurde verklagt. Das Gericht machte sie für das Verschwinden der drei Anzüge verantwortlich und diktierte ihr eine Geldstrafe von 1500.– Rubel zu. Da sie schüchtern war und nur wenig Russisch sprechen konnte, nahm sie das Urteil wortlos hin.

»Ich war so verzweifelt«, erzählt sie weiter, »daß ich auf dem Nachhauseweg vom Gericht nur noch einen Gedanken hatte: Jetzt ist es aus! Ich muß mich vor den Zug werfen. Aber mir fehlte die Kraft dazu. Ich zergrübelte mir den Kopf, wie ich die tausendfünfhundert Rubel beschaffen sollte. Wenn mir das nicht gelänge, würde ich wieder ins Gefängnis und ins Lager kommen. Meine

Freundin, die Lehrerin, tröstete mich. Sie erzählte mir von einem Juristen, den sie kenne, einem deutschen Halbjuden. Mit dem würde sie über das Ganze reden. Zuerst schrieb der eine Eingabe und protestierte gegen das Urteil. Dann wies er auf die entscheidende Tatsache hin, ich hätte vom Natschalnik immer wieder Nummernschilder verlangt, um Diebstähle der Anzüge zu verhindern. Also sei er für den Diebstahl verantwortlich. Auf dem Prozeß in zweiter Instanz sprach man Franziska frei und verurteilte den Natschalnik.

»Für einen Menschen hier im Westen ist es überhaupt nicht vorstellbar, wie die Altstadt Karagandas aussah«, versichert mir Franziska. »Als wir noch in England waren, habe ich mal ein Foto gesehen aus dem vorigen Jahrhundert von den Slums in den dortigen Industriegebieten. Und das fanden wir entsetzlich. Dabei hatten die wenigstens richtige Straßen und an beiden Seiten Häuser aus Ziegeln. In Alt-Karaganda war es viel schlimmer. Da gab es überhaupt keine gepflasterten Straßen. Bei Tauwetter verwandelte sich alles in unpassierbare Moräste. Und am Rande dieser Modderwege standen die jämmerlichsten Hütten.«
Durch solch eine Straße ging Franziska eines Tages, als sie von der Arbeit kam. Da sah sie zu ihrem Erstaunen einen Kasaken, einen kirgisischen Einwohner von Kasakstan, der – man sollte es nicht für möglich halten, denn es war strengstens verboten – ein Haus baute. Sie blieb wie gebannt stehen, denn so etwas hatte sie noch nie gesehen, und fragte den Kasaken: »Na, Onkelchen, was machst du denn da?« Er antwortete: »Ich baue ein Haus.« Sie wollte wissen, für wen er das Haus baue, und erhielt zur Antwort: »Das ist schon das dritte Haus, das ich baue.« Franziska fragte zögernd, was er denn mit den

Häusern mache. Und erhielt die prompte Antwort: »Die vermiete ich.« So etwas hatte es noch nie gegeben! Franziska ließ alle Vorsicht fahren und betrat das Lehmhaus. Es bestand aus einem einzigen Raum und hatte ein flaches Dach. »Und was wird so ein Haus kosten?« wollte Franziska wissen. »Du weißt, ich verpachte die Häuser nur«, antwortete der Kasake. »Sie kosten 1600 Rubel . . .« – »Das ist mir zu teuer, Onkelchen. Ich habe nur 800 Rubel.« Da sagte er zu mir: »Du bist eine Deutsche. Dir gebe ich das Haus auch für 800 Rubel, denn du wirst mir den Rest abzahlen.« – Franziska versprach dem Kasaken, sich die Sache zu überlegen und dann wiederzukommen.

In der Baracke habe sie ihrer Freundin alles berichtet. Diese sei entzückt gewesen und bereit, die restlichen 800 Rubel dazuzugeben. Gemeinsam seien sie nochmals zur Hütte gegangen und hätten diese gemietet. In dem einzigen Raum befand sich ein großer Lehmofen, der zugleich als Herd diente. Das flache Dach mußte regelmäßig mit Asche bestreut werden, die, falls es im Frühjahr zu heftigen Regenfällen kommen sollte, die Feuchtigkeit vom Lehm wegsog und so verhinderte, daß das Dach zusammenbrach.

»Nun waren wir Hausbesitzer«, prahlt Franziska. »Wir gingen in der Altstadt von Hütte zu Hütte, in denen hauptsächlich solche ›Untermenschen‹ lebten wie wir und baten um irgendwelche Gegenstände: einen alten Schemel, einen Kochtopf, etwas einem Tisch Ähnliches usw. Die Armen sind die freigebigsten Menschen. Wir erhielten sogar zwei gestohlene Säcke, die wir mit Hobelspänen füllten. Und auf die betteten wir uns für die Nacht. – Ist es nicht komisch? Und zu diesem Glück sind wir nur durch den Flecktyphus gekommen. Woher hätte ich sonst die 800 Rubel gehabt!«

Doch eines Tages sei die Lehrerin mit einer traurigen Nachricht nach Hause gekommen: Man hatte ihr befohlen, ihre Sachen zu packen. Sie sollte an einen anderen Ort abtransportiert werden. Das war das Los der Verbannten. Franziska geriet in Verzweiflung und so auch die Lehrerin. Zu allem Unglück mußte ihr Franziska auch noch die 800 Rubel, ihren Anteil für die Hütte, zurückgeben. Doch, woher nehmen?
Da sei sie durch die Altstadt gelaufen und habe bei den Deutschen nachgefragt, ob jemand, für einen Anteil von 800 Rubeln, in ihr Haus ziehen wolle. Bei dieser Suche wäre sie auch zu Ernst Globig und seiner Frau gekommen, die sie vor kurzem bei einem traurigen Anlaß kennengelernt hatte. Da Franziska so eifrig erzählte, wagte ich nicht, sie über das Schicksal von Globig zu befragen, meinte nur kurz: »Was war denn da passiert?«
Als Franziska nun das traurige Ereignis schilderte, hatte sie, die die politische Vergangenheit Ernst Globigs, einer bekannten Figur aus der Frühzeit der KPD, nicht kannte und der außerdem die Verhaltensweise von Kommunisten fremd war, keine Ahnung, welche Wirkung ihre Erzählung auf mich haben würde.
»Weißt du«, beginnt sie, »den Globigs war nämlich das Baby gestorben, und da ging er von Hütte zu Hütte und bat die Verbannten, zur Beerdigung des Kindes zu kommen. Mich aber fragte er, ob ich ihm einen Gefallen tun könnte und auf dem Wege zum Friedhof das Kreuz trage . . . Er hatte nämlich nur einen Arm.« – Ich kann nicht an mich halten und frage: »Habe ich recht verstanden? Sagtest du, das Kreuz?!« – »Ja, natürlich. Das große Holzkreuz«, antwortete Franziska leicht ungehalten. »Du kannst mir glauben, ich hätte es wirklich gern für ihn getan. Aber es war zu schwer für mich. Und als wir dann zum Friedhof aufbrachen, ging Ernst Globig selber an

der Spitze des Zuges vor dem offenen Sarg, in dem das Kind lag, und schleppte das Kreuz . . . Hinter dem Sarg liefen die ausgemergelten deutschen Verbannten.«
Über diesen Bericht geriet ich außer Fassung und fragte Franziska mit tiefem Zweifel in der Stimme: »War das wirklich Ernst Globig, der ehemalige Spartakusmann aus Berlin und spätere Leiter der Kommunistischen Jugendinternationale in Moskau?« – »Ich habe keine Ahnung, was er irgendwann gewesen ist«, antwortet sie ärgerlich. »Für mich war er ein Verbannter wie alle anderen. – Aber weshalb bist du so erstaunt? Die meisten Toten in der Altstadt wurden nach russisch-orthodoxem Ritus beerdigt. Warum auch nicht?« Für Franziska war alles das ganz einfach: Sie war niemals Kommunistin gewesen. Aber für die anderen? Unter welchen Qualen mag sich bei ihnen der Wandel vom zukunftsgläubigen Atheisten, der das Paradies auf Erden erkämpfen wollte, zum gläubigen Christen vollzogen haben, zum Menschen, der bereit ist, ein Kreuz zu tragen und fürs Kreuz einzustehen?

Nachdem Konrad Adenauer bei seinem Besuch in Moskau die deutschen Kriegsgefangenen zurückverlangt hatte, geschah auch für die Verbannten etwas Erstaunliches. »Plötzlich erhielten wir die Erlaubnis«, erzählt Franziska, »einen Brief an Verwandte in Deutschland zu schreiben. Ich schrieb meiner Schwester in Berlin und bekam schon nach kurzer Zeit eine Antwort. Von da ab faßte ich neuen Lebensmut. Es kam ein Paket. Dafür nahm man mir 150 Rubel an Zollgebühren ab. Ich bat die Schwester, kein Paket mehr zu schicken.
Wir warteten voller Spannung auf die Rettung. Und für viele kam sie auch. Von einer offiziellen Sowjetstelle wurden wir Deutschen aufgefordert, uns bei der Deut-

schen Botschaft in Moskau schriftlich zu melden. Wie alle schrieb auch ich. Doch aus Versehen an die falsche Adresse. Irgendwann hatte mir jemand gesagt, die Deutsche Botschaft sei in Moskau im Leontjewski Pereulok untergebracht. Dorthin schickte ich meinen Brief und wartete voller Erregung, was kommen würde. Die Deutschen um mich herum wurden nach und nach abtransportiert. Auch die Globigs. Ich erhielt weder eine Antwort von der Botschaft, noch eine Aufforderung, nach Moskau zu kommen.«

Franziska arbeitete weiter als Badefrau im Kohlenbergwerk und lebte apathisch vor sich hin. Sie sprach mit niemandem, wenn es nicht unbedingt nötig war. Sie war bereits so abgestumpft, daß sie nichts mehr unternahm, sondern sich in ihr bitteres Schicksal fügte. Weshalb ausgerechnet sie hierbleiben müsse, obgleich sie doch bestimmt eine Deutsche war, überlegte sie sich gar nicht. Auch einige andere waren geblieben, solche, bei denen die deutsche Staatsbürgerschaft nicht eindeutig nachweisbar war. Es vergingen weitere vier Jahre. Von der Schwester kamen keine Briefe mehr. Wie sich später herausstellte, hatte diese unentwegt geschrieben, die sowjetischen Behörden hatten die Briefe jedoch zurückgehalten.

Ganz zufällig wollte einmal ein Mitverbannter von Franziska wissen, ob sie eigentlich eine richtige Deutsche sei. »Natürlich bin ich das. Ich stamme doch aus Danzig«, gab sie ihm zur Antwort. »Hast du denn damals nicht an die Deutsche Botschaft geschrieben?« fragte er weiter. »Natürlich.« – »Und an welche Adresse?« – Nun kam es heraus: Im Leontjewski Pereulok wohnte die Botschaft der Bundesrepublik, und die war nicht gemeint. Es hätte die der »DDR« sein müssen. Und so schrieb Franziska einen zweiten Brief an die den Moskauer Machthabern ge-

nehme Botschaft. Nach ganz kurzer Zeit kam die Antwort mit der Aufforderung, sich an die Stelle zu begeben, die sie nach Moskau transportieren werde. Alles funktionierte wie am Schnürchen. Sie kam in Moskau an. »Auf dem Bahnhof standen mehrere NKWD-Kerle, die mich abholten und besorgt nach meinem Befinden fragten«, erzählt Franziska und schüttelt sich vor Ekel. »Die freundliche Tour ist noch widerlicher als die mörderische . . .« Als man sie fragte, wohin sie in Deutschland fahren wolle, habe sie aus Vorsicht, weil doch die Bundesrepublik als kapitalistisch galt, nicht die Adresse der Schwester in Westberlin, sondern die ihres Bruders angegeben, der in Prerow in der Sowjetzone lebte, wie sie aus einem Brief der Schwester ersehen hatte.
Mit anderen zusammen wurde sie in einen Zug gesetzt und landete in Ostberlin. Dort brachte man den ganzen Transport in ein Hotel. »Tja«, meint Franziska und seufzt, »als wir alle im Vestibül standen, merkte ich, daß man hinter uns die Hoteltür abschloß. ›Also sind wir wieder Gefangene‹, dachte ich mir. Darüber aufregen konnte ich mich nicht mehr. Im Vestibül dieses seltsamen Hotels saß in einer besonderen Koje hinter einem Fensterchen ein typischer Aufpasser. Die gleiche Sorte wie in Moskau. Wir wurden in Zimmern untergebracht, und ich hatte nur einen Gedanken: Wie teile ich meiner Schwester in Westberlin mit, daß ich da sei? Vorsichtshalber wartete ich einige Tage. Dann ging ich zu dem Typ, der im Vestibül hinter dem Fensterchen saß, und sagte zu ihm (dabei tat ich so, als hätte ich sie nicht alle beisammen): ›Bitte schön, ich möchte gern meinem Bruder in Prerow eine Nachricht schicken. Ich glaubte, daß er mich besuchen käme. Er wußte doch, daß ich komme. Warum hat er sich bloß nicht gemeldet? Vielleicht ist er krank? Darf ich zur Post gehen und ihm eine Nachricht schik-

ken?« Franziska muß auf den Typ derart überzeugend gewirkt haben, daß er es ihr erlaubte. Sie schickte ein Telegramm nach Westberlin.
Nach einigen Tagen klingelte die Schwester an der Tür des Hotels. Vor Wiedersehensfreude konnte sich Franziska kaum noch auf den Beinen halten. Die Schwester machte ihr eindringlich klar, sie müsse so lange in Ostberlin bleiben, bis sie alle Papiere erhalten habe. Eines Tages war es soweit. Sie wurde von der Schwester zu einem »Spaziergang« abgeholt und mußte alles stehen und liegen lassen, was sie inzwischen geschenkt bekommen hatte. »Zuerst gingen wir plaudernd vor dem Hotel auf und ab, dann aber, hinter einer Hausecke verschwindend, schneller und schneller in Richtung auf die S-Bahn. Ich kann dir schwer beschreiben, wie mein Herz vor Angst klopfte ... Erst als meine Schwester mir zuflüsterte: ›Jetzt haben wir's geschafft! Wir sind in Westberlin!‹, liefen mir die Tränen übers Gesicht.«

Mein Untermieter

Genosse Heese kam jeden Wochentag in meine Potsdamer Wohnung. Meistens zwar nur bis an die Haustür, denn er trug die »Rote Fahne« aus. Diesmal aber mußte er etwas Besonderes auf dem Herzen haben; er tat sehr geheimnisvoll und bat, mich sprechen zu dürfen.
»Komm rein! Bitte, nimm Platz.« Er blieb vor dem Stuhl stehen und fragte in konspirativem Flüsterton: »Bist du bereit, etwas für die Partei zu tun?« Ich erwartete, es würde sich um Flugblätterverteilen oder Plakatekleben handeln, wunderte mich jedoch über die seltsame Geheimnistuerei. Natürlich erklärte ich mich sofort bereit, noch ohne zu wissen, was er eigentlich wollte.
Im gleichen Flüsterton fuhr er fort: »Es ist was sehr Wichtiges, was Konspiratives. Kannst du deine zwei größeren Zimmer für die Partei zur Verfügung stellen?« – »Hm«, machte ich, nicht sonderlich erfreut, denn mir blieb dann nur ein kleines Zimmer übrig. Aber ich zögerte bloß Sekunden mit meinem »Aber selbstverständlich«.
Dann erfuhr ich, daß es sich um zwei illegal lebende Genossen handele, die polizeilich nicht gemeldet werden dürften. Ich müßte sie als zufälligen Besuch tarnen, wenn jemand im Hause nach ihnen fragen sollte. Genosse Heese ließ mir keine Zeit, zuzustimmen oder abzulehnen. Mit wichtiger Miene stand er auf und unterzog meine Wohnung einer genauen Prüfung, ob sie auch für diesen bedeutenden Zweck geeignet sei.
Ich lief etwas bedrückt hinter ihm her durch meine Zimmer, denn obgleich ich mich geschmeichelt fühlte, daß mir die Partei ein solches Vertrauen entgegenbrachte, war ich doch nicht ganz glücklich über diesen gewaltsa-

men Eingriff in mein Privatleben. Aber einen Widerspruch gab es natürlich nicht, denn ich war ja schließlich eine disziplinierte Kommunistin. Außerdem handelte es sich doch hier um Menschen, die gekämpft hatten und die von der Polizei gehetzt wurden. Da gab es kein Überlegen. Nachdem Genosse Heese mit Befriedigung festgestellt hatte, daß alle Fenster der Wohnung in den Garten hinausführten, also eine eventuelle Flucht leicht zu bewerkstelligen sei, bedeutete er mir, daß ich am anderen Tag meine Gäste zu erwarten habe.

Als es am nächsten Morgen klingelte und ich gespannt öffnete, fand ich mich einem Mann und einer Frau von ungewöhnlichem Aussehen gegenüber, die inmitten einer Fülle von Gepäck im Türrahmen standen. Er stellte sich als »Helmuth« vor, und sie erklärte mir, daß sie »Klara« heiße. Der Mann sprach ein Deutsch in Wiener Tonfall, mit starkem südosteuropäischem Akzent. Als ich sie ins Zimmer gebeten hatte und sie zum erstenmal in Ruhe betrachtete, war ich einigermaßen erstaunt. Er sah keineswegs so aus, wie ich mir einen illegalen »Berufsrevolutionär« vorgestellt hatte. Dieses Gesicht war alles andere als asketisch oder von Fanatismus geprägt. Eher wirkte er wie ein zur Fülle neigender Opernsänger, mit einem massigen Schädel, der von dunklen Locken bedeckt war. Seine Stimme war laut und satt, und bei jedem Anlaß brach er in ein dröhnendes Gelächter aus. Alles an ihm strahlte Lebensfreude aus, und man sah sofort, daß er dieses Dasein zu genießen verstand. Er war mit Sorgfalt, für deutsche Begriffe allerdings etwas zu auffallend gekleidet. Wenn mir damals jemand gesagt hätte, daß dieser Mann, dessen Identität ich erst Monate später erfahren sollte, Leiter des WEB, des Westeuropäischen Büros, sei, jener Institution, die in Verbindung mit der sogenannten OMS die gesamte illegale Tätigkeit

und auch die Spionageaufgaben der Komintern in Westeuropa in den Händen hielt, hätte ich ihn ausgelacht. »Klara«, seine Begleiterin, die schon begonnen hatte, die Koffer zu öffnen, war eine kleine Frau Mitte der Vierziger, von ungesund wirkender Rundlichkeit. Sie lief ständig von einem in das andere Zimmer, probierte an den Gardinen herum, fragte, ob sie die Möbel umstellen dürfe, erkundigte sich nach der Küche und Waschgelegenheit und befand sich in unaufhörlicher Bewegung, als habe sie Angst, zur Ruhe zu kommen. Während mir bei »Helmuth« vor allem die Selbstsicherheit und Lebenslust auffielen, erschreckten und erstaunten mich an »Klara« die sichtbaren Merkmale einer tiefen Zerrüttung. In ihren fast schwarzen Augen, deren Iris von einem auffallend hellen Rand umgeben war, wie man es bei frühzeitig verbrauchten Menschen oft findet, lag ständig ein Ausdruck von Furcht oder Anklage. Ihre Gesichtszüge, denen man die einstige Schönheit noch ansah, wirkten jetzt wie verwischt, als hätten zu viele Tränen das Gewebe aufgelockert und die Wangen herabsinken lassen.
Ich überließ meine »Untermieter« sich selbst und fuhr zur Arbeit. Als ich ein paar Tage später, auf »Klaras« Aufforderung hin, ihre Zimmer betrat, traute ich meinen Augen nicht. Die schönen alten Birkenholzmöbel, mein ganzer Stolz, verschwanden unter Decken und Deckchen. An den Wänden, auf den Schränkchen und auf der Kommode hingen und standen Photographien über Photographien in schrecklich verschnörkelten Rahmen. Die Verbindungstür zu meinem Zimmer verhüllte eine vielfach drapierte dunkelrote Plüschportiere. Das einzige, was zum Makartzimmer noch gefehlt hätte, war die Fächerpalme in der Ecke. Ich blickte entsetzt auf diese Veränderungen, schwieg aber, als »Klara« mir stolz erklärte, wie schön sie es sich jetzt gemacht habe. Diese Atmo-

sphäre muffiger Spießbürgerlichkeit brauchten also die beiden, um sich wohl zu fühlen. Ich erfuhr später, daß alle diese Verschönerungsutensilien aus ihrer Wohnung in Sofia stammten. Sie hatten sie vor rund fünf Jahren von dort mitgenommen, als sie in die Emigration gingen, und schleppten sie von Land zu Land, von Stadt zu Stadt und breiteten sie überall dort um sich aus, wo sie für ein paar Monate zur Ruhe kamen. Sie entsprachen »Klaras« Vorstellung von gemütlichem Wohnen, sie bedeuteten die Heimat für sie und hielten die Hoffnung wach auf die ersehnte Rückkehr.

Mit »Helmuth« und »Klara« als Wohngenossen hätte ich viel Gelegenheit gehabt, mir ein Bild von der Mentalität führender Kominternfunktionäre zu machen. Aber wahrscheinlich war in jener Zeit mein Blick noch allzusehr von Romantik und politischer Gläubigkeit getrübt, so daß ich nicht bereit war, die Erfahrungen mit meinen »Berufsrevolutionären« zu verallgemeinern. – »Helmuth« war sehr viel unterwegs. Erst viel später sollte ich erfahren, daß er noch eine zweite, eine sogenannte Ausweichwohnung in Berlin besaß, in der es übrigens weit weniger spießbürgerlich zugegangen sein soll als in der Babelsberger-Straße in Potsdam.

»Klara« verließ kaum je ihr Zimmer. Ich begriff diese Frauentragödie, die sich damals unter meinen Augen abspielte, erst Jahre später. Es war die Tragödie der Frau eines emigrierten kommunistischen Funktionärs, die selber keine Funktionärin war. »Klara« durchlebte ein einziges Martyrium. Sie verzehrte sich in Angst. Ihre Tage und Nächte bestanden aus Warten. Mit einer bestimmten Stunde des Abends begann sie auf die kreischenden Bremsen der einfahrenden Vorort- und Stadtbahnzüge zu lauschen. Dann errechnete sie die Minuten, die »Helmuth« brauchen würde, um den Weg vom Bahnhof, der

in der Luftlinie sehr nahe lag, bis zu unserem Haus zurückzulegen. Waren dann diese Minuten verstrichen und kein »Helmuth« zur Wohnungstür eingetreten, so begann ihr Gesicht nervös zu zucken. Mit jedem Zug – sie fuhren bis 1 Uhr nachts in viertelstündiger Folge – wiederholte sich das Warten und die Enttäuschung. »Klara« verbrachte oft ganze Abende in stummem Lauschen, und nicht selten wartete sie überhaupt vergeblich. Es war die Angst um »Helmuth«, die sie dazu trieb. In ihrer Vorstellung führte er ein von ständigen Gefahren umringtes Leben. Seit 25 Jahren war sie mit ihm verheiratet, die letzten fünf Jahre lebten sie in der Emigration. Sicher war »Helmuths« Leben in Bulgarien als kommunistischer Gewerkschafts- und Parteisekretär auch nicht arm an Bedrohungen gewesen, aber erst die Jahre der Emigration hatten aus »Klara« ein Wrack gemacht. Sie zitterte nicht nur um »Helmuth«, sie bangte auch ständig um ihre eigene Sicherheit. Niemals vergaß sie, hinter sich das Zimmer abzuschließen, und jedesmal, wenn man an die Tür klopfte, hörte man sie aufgeregt hin und her rennen, als räume sie belastendes Material in ein Versteck. Erst dann öffnete sie und stand blaß, aber siegessicher da, als rufe sie einem Polizeiaufgebot entgegen: »Seht, meine Hände sind leer! Ihr werdet nichts finden und könnt uns auch nichts nachweisen!«
Eines Abends kam ich müde von der Arbeit nach Hause. In der Tür stand eine völlig aufgelöste, am ganzen Leibe zitternde »Klara«. Auf meine Frage, was denn passiert sei, stammelte sie: »Die Polizei war hier!« Ich wollte sofort wissen, welche Fragen gestellt wurden, und bekam zur Antwort, daß »Klara« sie gar nicht hereingelassen habe. Es hätte gegen Mittag geklingelt, sie sei zur Tür geschlichen, nicht etwa, um zu öffnen, denn das täte sie ja grundsätzlich nicht, sondern nur, weil sie plötzlich so

ein beklemmendes Gefühl gehabt habe. Und richtig, hinter der Milchglasscheibe der Wohnungstür habe sie ganz deutlich eine Uniformmütze gesehen! Dann sei sie schnell in die Zimmer gelaufen, um alle Gardinen zu schließen. »Und stelle dir vor«, berichtete sie atemlos, »dann hat die Polizei das Haus umzingelt und sogar an die Fensterscheiben geklopft!« Später sei es dann allerdings wieder ruhig geworden...

Ich redete ihr zu, so gut es ging, und lief dann, etwas beunruhigt, zu unserem Portier, um ihn vorsichtig auszufragen. Er ließ mich kaum zu Worte kommen und legte gleich vorwurfsvoll los, was ich denn eigentlich für einen komischen Besuch hätte, und ob diese Dame wohl glaube, daß der Gasmann noch nie 'ne Frau im Unterrock gesehen habe...

»Klara« war sichtlich enttäuscht, als ich ihr die Geschichte vom Polizeiüberfall zerschlug, und da sie mir in ihrer ganzen Verwirrung leid tat, leistete ich ihr Gesellschaft. Aber das war schwer zu ertragen und kostete mich nicht „wenig Überwindung. »Klara« dichtete nämlich, in ihrer Muttersprache auf serbisch und war, wie sie mir erzählte, eine bekannte Dichterin der Kommunistischen Partei gewesen. Ich konnte kein Serbisch, aber das half gar nichts, sie übersetzte mir ihre Werke. Diesmal hatte sie ein Zeitungsphoto aus der »Roten Fahne«, auf dem ein Polizist einen jungen Arbeiter abführte, zu einem neuen Gedicht inspiriert. Es strotzte von Sentimentalität und übertraf sogar noch die kommunistische »Heldenlyrik« der damaligen Zeit. Nur mit Mühe konnte ich mir einige anerkennende Worte abringen.

Im Sommer dieses Jahres 1929 fuhr ich auf Urlaub nach Ascona. Während der vier Wochen meiner Abwesenheit sollte mein guter Freund, der ungarische Schriftsteller Joseph Lengyel, in meinem Zimmer wohnen. Obgleich

das natürlich gegen die Regeln der Konspiration verstieß, hatten sich »Helmuth« und »Klara« sogleich einverstanden erklärt. Ich war kaum vierzehn Tage in Ascona, als ein erregter Brief meiner Aufräumefrau eintraf. »Frau Klara« sei über »Herrn Joseph« sehr empört, und es sei besser, wenn ich schnell wieder nach Hause käme. Aber diesen Gefallen tat ich meinen »Untermietern« nicht, sondern sagte mir, daß die »Berufsrevolutionäre« schon miteinander fertig werden würden. Als ich nach Ablauf des Urlaubs wieder in meiner Wohnung eintraf, hatte Joseph die Stätte seiner Schandtaten bereits verlassen. Ich war mehr als neugierig, was er verbrochen haben mochte, denn ich kannte ihn als einen Menschen mit ziemlich unbeherrschtem Temperament. »Klara« trat mir als die verkörperte Empörung entgegen.
Und was hatte er getan? Sie erklärte mir kategorisch, daß sich Joseph eines Genossen unwürdig betragen habe. Ich drang in sie, um Einzelheiten über seine Vergehen zu erfahren, fragte, ob er sich etwa eine Freundin mitgebracht habe. Sie bejahte, aber das sei nicht das Schlimmste gewesen. Jetzt wurde ich unruhig, noch dazu, als »Klara« dunkle Andeutungen über Josephs Lektüre machte. Sollte er es etwa gewagt haben, trotzkistische oder sonstige antisowjetische Bücher mit in die Wohnung zu bringen? Ich versuchte vorzufühlen und stellte aufatmend fest, daß es sich um anderen Lesestoff handeln mußte. Endlich kam es heraus! Joseph hatte reine Pornographie gelesen! Dieser Zug war mir neu an ihm. Aber wer kennt schon die Menschen?
»Klara« hatte sich mittlerweile in Eifer geredet. Sie vergaß sogar die Vorsicht und begann eine detaillierte Schilderung: Sie sei nämlich einmal in Josephs, also mein Zimmer gegangen und habe auf einem Schemel neben Josephs Bett eben jenes empörende Machwerk ge-

funden. Dann beschrieb sie mir, wie das Buch ausgesehen habe. An den Titel konnte sie sich nicht erinnern, dafür aber zitierte sie mir aus den anstößigen Seiten. Das war wirklich interessant! Ich bat »Klara« in mein Zimmer, führte sie zum Bücherschrank und zog ein Buch heraus. Sie erkannte es sofort und legte los gegen die bürgerlich degenerierte Literatur, die ein Kommunist nicht lesen dürfe, so daß ich nur mühsam zu Worte kam, um für eines meiner Lieblingsbücher eine Lanze zu brechen, für Colettes »Mitsou«...

»Helmuth« teilte auf diesem Gebiet gewiß nicht die Ansichten »Klaras«, und Prüderie dürfte ihm ferngelegen haben. Er war der klassische Typ des Draufgängers, ein lustiger Kerl, der alle angenehmen Seiten des Lebens liebte, und vor allen Dingen die Frauen. Da ich damals keine Ahnung hatte von »Helmuths« Doppelleben, von seinen Aufgaben im Kominternapparat, war ich absolut bereit, diese seine Schwäche zu entschuldigen. Manchmal allerdings konnte ich es mit der so streng anempfohlenen Konspiration nicht in Einklang bringen, wenn mein »Berufsrevolutionär« sich nach Mitternacht auf dem Potsdamer Bahnhof vor Abgang der letzten Vorortbahn unter den indignierten Blicken der im Zuge sitzenden Potsdamer mit leidenschaftlichen Küssen und Umarmungen von seiner Freundin verabschiedete.

»Helmuth« war nicht für die Illegalität geschaffen, es lag ihm nicht, sich zu tarnen, er lebte zu heftig und zu leichtfertig. Durch diese Leichtfertigkeit gegenüber den konspirativen Regeln wären er und seine beiden Mitarbeiter im Westeuropäischen Büro um ein Haar hochgegangen. Dieser damals mit Mühe vom Apparat der KPD vertuschte Skandal um »Helmuth« und Genossen wirft ein bezeichnendes Licht auf die Tätigkeit der sowjetischen Geheimorganisation in der Weimarer Republik.

Im sozialdemokratischen »Vorwärts« erschien eines Tages ein Bericht über eine mysteriöse Verhandlung vor dem Schöffengericht Berlin-Schöneberg, in der sich die Angeklagten, eine Hauptmannswitwe und ein ehemaliger Lehrer, selbst des Diebstahls bezichtigt hatten. Sie berichteten den erstaunt aufhorchenden Richtern, daß sie aus Angst vor weiteren Verfolgungen durch die Kommunisten sich selbst anzeigten, um im Gefängnis endlich Ruhe zu finden. – In der Verhandlung ergab sich folgendes: Die Hauptmannswitwe vermietete ein Zimmer an einen Herrn, der sich als ausländischer Schriftsteller bei ihr anmeldete. Es schien ihr schon ungewöhnlich, daß dieser Schriftsteller sofort den doppelten Mietpreis anbot, den sie natürlich nicht ablehnte. Dann teilte ihr der Untermieter mit, daß er häufiger Besuch von anderen Schriftstellern erhalten werde. Diese Herren kamen auch wirklich und führten ein sehr heiteres Leben mit reichlichem Alkoholgenuß.

Aber sie arbeiteten auch, denn beim Aufräumen des Zimmers entdeckte die »möblierte Wirtin« im Papierkorb ausgeschnittene und angestrichene sowjetrussische Zeitungen. Daraufhin begann sie, sich auch für den Inhalt des Schreibtisches zu interessieren, der erstaunlicherweise unverschlossen war. Zuerst stieß sie auf zwei ausländische Pässe mit den Photos ihres Untermieters und seines Freundes, aber mit ganz anderen Namen und Berufen als denjenigen, die man ihr genannt hatte. Als sie dann aber auch noch in der Schublade einen Berg Dollarnoten fand, begann ihr nicht nur aufzugehen, um welche Art von Schriftsteller es sich wahrscheinlich bei ihrem Untermieter handelte, sondern sie fühlte sich auch gewissermaßen berechtigt, sich einige von diesen so achtlos herumliegenden Dollars zukommen zu lassen. Zuerst nahm sie nur kleine Noten, das aber regelmäßig

jeden Tag. Als ihr Schriftsteller nichts zu merken schien, sondern immer das gleiche freundliche Gesicht machte, entwendete sie täglich nun schon je eine Zehndollarnote, um dann wegen des unverändert liebenswürdigen Gesichtes ihres Zimmerherrn auf Hundertdollarnoten pro Tag überzugehen. Schließlich nahm sie dann den ganzen Haufen auf einmal und die beiden Pässe dazu. Aber diese Expropriation erfolgte nicht so ohne weiteres. Mit ihrem ehemaligen Lehrer im Bunde täuschte sie einen Einbruch vor, brachte das Zimmer in wilde Unordnung und führte dem ahnungslos nach Hause kommenden Untermieter eine hysterische Szene über den erfolgten Einbruch vor. Sodann forderte sie ihn auf, mit ihr gemeinsam zum nächsten Polizeirevier zu gehen, um dort Anzeige zu erstatten. Dieser geschickte Schachzug hatte genau den Erfolg, den sie erwartete: Als der Untermieter »Polizei« hörte, suchte er augenblicklich das Weite...
Wohin er lief, wußte natürlich die Angeklagte nicht auszusagen. Das erzählte man sich in anderen Kreisen. Er lief zum Chef des Geheimapparates der KPD, zu Kippenberger, um ihm sehr bedrückt Mitteilung von diesem »Unfall« zu machen. In der Schublade hatten sich nämlich 15000 amerikanische Dollar befunden. Von den beiden verschwundenen Pässen wagte er selbst dort nichts zu erwähnen. – Um nun dieses beträchtliche Defizit wieder einzubringen, ließ Kippenberger seine Unterapparatschiks in Funktion treten.
Was dann geschah, berichtete wiederum die erregte Hauptmannswitwe den kopfschüttelnden Richtern: Am nächsten Tag hätten vier Kriminalbeamte ihre Wohnung besetzt und von oben bis unten durchsucht. Diese Haussuchungen hätten sie eine ganze Woche lang fortgesetzt und dann ihren Freund, den ehemaligen Lehrer, verhaftet und über die offene Straße zu einem Polizeiauto ab-

geführt. Dann seien sie mit ihm aus Berlin hinausgefahren, immer weiter und weiter, bis schließlich einer der Polizisten gesagt habe: »Jetzt müssen wir doch bald an der polnischen Grenze sein?« Worüber der Lehrer, der schon nicht begreifen konnte, weshalb man ihn nicht ins Polizeipräsidium gebracht hatte, in panischen Schrecken geriet. Darauf erklärten ihm die begleitenden Männer kurz und bündig, daß sie gar keine Polizisten seien, sondern Kommunisten, und wenn er nicht sofort angebe, wo die gestohlenen Dollars versteckt seien und wo sich die Pässe befänden, werde man ihm im nächsten Wald Gelegenheit geben, frische Luft zu schnappen. Er begriff sofort, was das bedeutete, und gab nun den Kommunisten eine genaue Schilderung über den ganzen Vorgang und gestand, daß das Geld in der Wohnung in einer Matratze versteckt sei. Die Pässe aber habe er im Grunewald in der Nähe von Schlachtensee vergraben... Als die Kommunisten-Polizisten dann das Geld gefunden hatten, die Fahrt in den Grunewald sich aber als vergeblich erwies, da der Lehrer das Versteck der Pässe nicht mehr entdeckte, warfen die Apparatschiks ihn irgendwo auf einer verlassenen Chaussee aus dem langsam fahrenden Wagen.

Nachdem das hohe Gericht diese Schilderung zur Kenntnis genommen hatte, kam es zum Schluß, daß die beiden Angeklagten sich wohl unter dem Einfluß von Rauschgiften diese Geschichte ausgedacht haben müßten, und man sprach sie, ganz gegen ihren Willen, frei.

Auch die sozialdemokratische Zeitung, der »Vorwärts«, war mit dieser Entscheidung nicht einverstanden und schrieb: »Uns aber erscheint es dringend nötig, daß andere Organe hinter diese Sache leuchten und sich für solche Ausländer und ihre Geldempfänger interessieren . . .« Und dabei blieb es.

Erst im Spätherbst 1929 sollte ich erfahren, wer mein Untermieter »Helmuth« eigentlich war. Im Sommer dieses Jahres hatte meine Freundschaft mit Heinz Neumann begonnen. Nach einiger Zeit wunderte sich Heinz, daß ich ihn niemals in meine Wohnung einlud. Ich erklärte ihm, daß illegale Genossen bei mir untergebracht seien und er mich deshalb nicht besuchen dürfe. Heinz lachte über meine konsequente Haltung und zog mich nach allen Regeln der Kunst auf. Er meinte bissig, ich würde seinen Besuch schon »vor der Partei verantworten können«. Als er dann eines Nachmittags am Bahnhof stand, um mich nach Potsdam zu begleiten, war ich immer noch fest entschlossen, ihn nicht in meine Wohnung kommen zu lassen, und führte ihn deshalb viele Stunden durch den Potsdamer Wald. Er machte seinem Groll Luft und kam immer wieder auf das Thema »Deine illegalen Genossen« zurück. Es ging schon auf Mitternacht, als wir ganz durchfroren aus dem Wald zurückkamen und ich Heinz in Richtung zum Bahnhof Potsdam führte. Ich wußte sehr genau, wann der letzte Zug nach Berlin abging und wollte Heinz so lenken, daß er mit ihm zurückfahren mußte. Er aber brachte es mit großem Geschick fertig, ihn zu verpassen, um mich zu einer Entscheidung zu zwingen. Unter solchen Umständen blieb mir nichts anderes übrig, als gegen die Vorschriften der Konspiration zu verstoßen.
Wir standen im Korridor meiner Wohnung, als ich von der Haustür her die Schritte »Helmuths« hörte. Ich versuchte, Heinz in mein Zimmer zu schieben, aber es war zu spät, und er verschwand nur hinter einem großen Schrank im Flur. Da schloß »Helmuth« die Wohnungstür auf, begrüßte mich mit der üblichen Lautstärke und ging auf sein Zimmer zu. In diesem Moment sprang Heinz hinter dem Schrank hervor und rief mit verstellter Stim-

me: »Dimitroff, Sie sind verhaftet!« Ich stand starr vor Staunen. Dimitroff machte ein verdutztes Gesicht, fuhr herum und brach in schallendes Gelächter aus. »Heinz Neumann, was machen Sie denn hier?! Unerhört, mir einen solchen Schreck einzujagen!« Und ein freundschaftliches Händeschütteln begann. – Dennoch muß den Dimitroffs, vor allem wahrscheinlich »Klara«, die mit richtigem Namen Ljuba Ivochevitsch hieß, der Schreck über dieses unkonspirative Verhalten in die Glieder gefahren sein. Kurze Zeit später zogen sie aus, mitsamt allen Spitzendeckchen, Photographien und Portieren.

Als Dimitroff und seine beiden Mitarbeiter Taneff und Popoff im Februar 1933 von der Gestapo verhaftet wurden, hatten sie wieder einmal gegen die Regeln der Konspiration verstoßen. Sie saßen nämlich am Tage nach dem Reichstagsbrand im »Bayernhof« in Berlin, einem von Nazis wimmelnden Bierlokal, und unterhielten sich auf bulgarisch, weil von den dreien nur Dimitroff die deutsche Sprache beherrschte. Dimitroffs Frau Ljuba, die zu jener Zeit schon in Moskau wohnte, nahm sich dort am 27. Mai 1933 das Leben.

Georgi Dimitroff wurde durch seine Haltung im Prozeß um den Reichstagsbrand in den Augen aller Antifaschisten zu einem Helden. Er mag zwar gewußt haben, ehe er im Berliner Gerichtssaal seine mutige Schlußrede hielt, daß es bereits eine geheime Abmachung zwischen der Gestapo und der GPU gab, ihn und seine beiden Mitarbeiter nach Sowjetrußland auszuliefern, dennoch war seine Haltung bewunderungswürdig. Dieser Mensch hatte trotz des demoralisierenden Lebens als Befehlsempfänger der Moskauer Spionagezentrale der Komintern seine Persönlichkeit bewahrt. Zerbrochen wurde er erst, als er auch räumlich in den Bannkreis des Kreml geriet. Die tödliche Atmosphäre um Stalin bekam ihm nicht. Schon im Flugzeug nach Moskau muß diesen Mann, der im Berliner Gerichtssaal soviel Mut bewiesen hatte, bei der Vorstellung, nun dauernd in Sowjetrußland leben zu müssen, das kämpferische Selbstbewußtsein verlassen haben. Als er auf dem Moskauer Flugplatz ankam und von Pjatnitzki, dem damaligen Generalsekretär der Komintern, empfangen wurde, war seine erste ängstliche Frage: »Sagen Sie, Genosse Pjatnitzki, habe ich auch alles richtig gemacht? Wird man mich nicht kritisieren?«

Auf dem VII. Weltkongreß wurde Dimitroff zum Generalsekretär der Komintern ernannt. Als Zeichen seines Aufstiegs bewohnte er ein Landhaus unmittelbar neben der Datscha Stalins, damit er immer zur Hand war. Als die große Säuberung in Sowjetrußland begann, benutzte Dimitroff seinen Einfluß, um persönliche Rachegelüste zu befriedigen. Am heftigsten richtete sich seine Verfolgung gegen die eigenen Landsleute in der bulgarischen Sektion der Komintern. Auch Popoff und Taneff, seine ehemaligen Mitarbeiter aus der Berliner Zeit, überlieferte er dem NKWD.

Eines Tages traf ich Dimitroff in Rublewo, einem Landhaus der Komintern. Er hatte sich sehr verändert. Alle Offenheit, alle heitere Großzügigkeit war aus seinem Gesicht verschwunden. Es war zur ausdruckslosen Maske des Funktionärs erstarrt. Er bewegte sich hölzern und unnatürlich und schien nur darauf bedacht, daß man ihm gegenüber auch ja die gebührende Distanz wahrte.

Nach 1945 wurde Dimitroff nach Bulgarien zurückgeschickt, wo er sich alle Mühe gab, den Wünschen Stalins gerecht zu werden. Aber es nützte ihm nichts, denn 1949 ereilte ihn, der alle Säuberungen bis dahin überdauert hatte, ein verspätetes Schicksal. Er starb unter geheimnisvollen Umständen in Moskau.

Erich Schmidt begreift nichts mehr...

Erich Schmidt war ein kleiner, ausgemergelter Arbeiter. Als ich ihn das erstemal mit Bewußtsein sah, hatte der Tod ihn schon gezeichnet. Vielleicht überließ er sich dem Tod sogar ohne Widerstand, weil sein Leben sinnlos geworden war. Ein jahrelanger, verbissener Kampf um Rehabilitierung lag hinter ihm, und man hatte ihm diese Rehabilitierung versagt.

Von Beruf war er Graphiker, aber sein Leben gehörte seit seiner Jugend einzig und allein der kommunistischen Bewegung. Ihre Freiheitslieder waren seine Psalme, der Besuch ihrer Versammlungen sein Kirchgang, und in ihren Demonstrationen wuchs er über sich selbst hinaus, fühlte sich nicht mehr klein und von der Natur benachteiligt, sondern ging in Reih und Glied »im Marschtritt der Millionen«. Das Parteilokal wurde sein Zuhause, und als »Genosse« gehörte er zur großen Bruderschaft der Partei, der er jede freie Minute seines Lebens opferte. Er war ein unerschrockener Kämpfer gegen die Nazis, denn der kleine Erich Schmidt, das Mitglied der großen kommunistischen Partei, war kein Feigling.

Nach 1933 riet ihm die Partei, zu emigrieren, damit er nicht in die Hände der Gestapo falle. Er kam auf Umwegen nach Moskau und sah sich nun am Ziel seiner sehnlichsten Wünsche. Er durfte mitarbeiten am Aufbau des Sozialismus. Das tat er als Graphiker in der Druckerei der deutschsprachigen Zeitung in Moskau. Um das Maß des Glückes vollzumachen, fand er eine Frau, eine junge Polin, die er heiratete. Er hatte mit ihr zwei Kinder. Sein persönliches Leben war so ungetrübt und harmonisch, daß er für die Mißstände in seiner Umgebung kein Auge hatte. Sah er sie, so erfand er Entschuldigungen. Er zwei-

felte keine Minute daran, daß in Sowjetrußland Freiheit und Wohlstand bald ihren Einzug halten würden.
Eines Tages erhielt Erichs Frau, die eine Polin war, die Zustellung, sie habe binnen drei Tagen Sowjetrußland zu verlassen. Schon wenige Minuten nach dem ersten tödlichen Erschrecken hatte Erich seine Sicherheit wiedergefunden. »Das Ganze kann nur ein Irrtum sein, der sich sofort aufklären wird.« Er lief unverzüglich zur Behörde, die dieses Schreiben gesandt hatte, nämlich zur NKWD. Dort ließ man ihn nicht vor. Der nächste Weg führte ihn zur Mochowaja 36, zum Haus der Komintern. Man hörte ihn an und versprach, »die Angelegenheit zu prüfen«. Dann ging er zur Roten Hilfe, dann zur Moskauer Vertretung der KPD und . . . am Ende hatte Erich den Sieg davongetragen: die Ausweisung seiner Frau wurde zurückgenommen. Damit war alles gerettet, vor allem jedoch sein kostbarer Glaube. Hatte er nicht endlich den Beweis erbracht, daß diese gemeinen Gerüchte und dieses Gemunkel im Betrieb, das sich um Übergriffe und Verhaftungen drehte, erstunken und erlogen waren? Hatte sich nicht in seinem Fall erwiesen, daß es in Sowjetrußland Gerechtigkeit gab? Und sollten wirklich irgendwelche Leute verhaftet werden, so geschah das sicher zu Recht, da es sich um Spione oder Konterrevolutionäre handelte. In Sowjetrußland wurden keine unschuldigen Menschen der Freiheit beraubt . . .
Da kam eines Nachts die NKWD und holte Erich Schmidt. Die beiden Beamten, die ihn verhafteten, nahmen die Beteuerungen seiner Unschuld nicht zur Kenntnis. Aber vielleicht verstanden sie ihn auch gar nicht. Sein Russisch war nicht gut.
Und dann hockte er durch Monate in einer Zelle des Untersuchungsgefängnisses. Die Menschen, mit denen er zusammensaß, redeten ununterbrochen davon, daß sie

unschuldig seien. Dieses Geschwätz hing ihm nach kurzer Zeit zum Halse heraus. Daß er selber unschuldig war, das wußte er nur allzu gut. Seine Verhaftung war selbstverständlich ein Irrtum. Das würde sich sehr bald herausstellen. Man sollte ihn nur erst einmal verhören. Aber man verhörte ihn nicht. Er saß in der Zelle, als habe man ihn vergessen. An jedem Schreibtage verfaßte er seitenlange Eingaben. Nichts erfolgte. Doch endlich kam die große Möglichkeit für ihn, alles aufzuklären, sein erstes Verhör.

Er traute seinen Ohren nicht, als der Untersuchungsrichter ihm konterrevolutionäre Organisation gegen den Sowjetstaat vorwarf. Handelte es sich vielleicht um eine Personenverwechslung? Aber aus den Worten des Untersuchungsrichters ging einwandfrei hervor, daß es sich um ihn, den Graphiker Erich Schmidt, drehte. Er, ein Konterrevolutionär?! Das war einfach lächerlich! Hatten ihm die Nazis nicht den Schädel eingeschlagen? Er riß die Haare auseinander und hielt dem Untersuchungsrichter eine Narbe hin. Er, dessen Leben offen vor der Partei dalag, sei kein Konterrevolutionär! Er brach in schallendes Gelächter aus. Da gab ihm der Untersuchungsrichter eine Ohrfeige, und ein NKWD-Soldat kugelte ihm beinahe den Arm aus, als er ihn in die Zelle zurückschleppte. Erich Schmidt begriff nichts mehr.

Tage und Nächte hockte er auf den Brettern, stierte vor sich hin und grübelte. Was hatte er nur verbrochen? Er wühlte in seinen Erinnerungen. Hatte er vielleicht, ohne es zu ahnen, irgendwann einmal gegen die Parteidisziplin verstoßen? War er vielleicht nicht loyal gewesen? Hatte er es an Wachsamkeit mangeln lassen? Er konnte nichts finden. Er mußte sich immer wieder bestätigen, daß er, dessen ganzes Leben die Partei gewesen war, niemals gegen dieses Leben gesündigt hatte. Aber wo

lag dann der Fehler? Wie konnte so etwas nur geschehen? Er fand keine Antwort. Als er fürchtete, den Verstand zu verlieren, vertraute er sich dem Mitgefangenen an, der neben ihm auf den Brettern lag. Er erzählte ihm flüsternd die ganze Geschichte. Der Nachbar, ein alter Arbeiter aus dem Elektrosawod, nickte verständnisvoll: »Kann ich mir denken, daß du durcheinander bist! Aber das ist deine eigene Schuld. Warum bist du überhaupt hierhergekommen? Wenn du bei den Nazis geblieben wärst, hättest du es bestimmt nicht schlechter gehabt.« Erich fuhr entsetzt zusammen. Bei den Nazis geblieben, den Todfeinden der Kommunisten, bei seinen persönlichen Todfeinden? Aber der alte Arbeiter ließ sich nicht aus dem Konzept bringen. Er redete weiter. Er machte Erich Schmidt klar, daß er nicht der einzige Unschuldige sei, der in sowjetischen Gefängnissen und Konzentrationslagern sitze. Er behauptete, daß die ungeheuerlichen Anklagen und Beschuldigungen der NKWD nichts als phantastische Erfindungen und Lügen seien.
Die Meinung des alten Arbeiters und Erich Schmidts eigene Erfahrungen beim Untersuchungsrichter hatten ihn davon überzeugt, daß nicht alle seine Mitgefangenen schuldig seien und er die einzige Ausnahme bilde. Aber an einen bewußten Verrat der sowjetischen Regierung zu glauben, das war unmöglich, das brachte er nicht fertig. Es mußte eine andere Erklärung für all das Ungeheuerliche geben. Er grübelte weiter. Mit seinen Zellengenossen redete er wie im Fieber.
Und nach einiger Zeit ging eine merkwürdige Veränderung mit ihm vor. Seine Gesichtszüge, die schlaff und unbestimmt geworden waren, gewannen wieder Halt. Man sah ihn lächeln, und in den Nächten schlief er ruhig und fest. Die Zellengenossen glaubten, er sei verrückt geworden. Selbst als er ein Urteil von zehn Jahren Ar-

beits-Besserungslager erhielt, schlug sein Herz nicht schneller. Den Verstand hatte Erich Schmidt nicht verloren, er hatte nur die Lösung gefunden, die einzig mögliche Antwort auf seine Fragen. Mochten die anderen Häftlinge ruhig über ihn lächeln, er, Erich Schmidt, wußte jetzt, warum die Gefängnisse voll waren mit Hunderttausenden unschuldiger Menschen, warum man jede Nacht neue und immer neue Unschuldige durch die Zellentür zu ihnen hineinstieß. Die Erklärung war so einfach: An der Spitze der NKWD saß ein Feind, ein Verräter, ein Trotzkist. Und dieser Kerl war der wirkliche Konterrevolutionär! Durch die Millionenverhaftungen suchte der Verbrecher einen teuflischen Plan zu verwirklichen: nämlich den Sturz der Sowjetregierung und die Wiedereinführung des kapitalistischen Systems. Stalin aber und den Männern um ihn machte er weis, er habe eine weitverzweigte Verschwörung aufgedeckt . . .

Gefaßt trat Erich Schmidt den Transport ins Lager an und wurde einer der zahllosen Sklaven in den Kohlengruben Workutas. Er zweifelte nicht daran, daß seine Leiden bald ein Ende nehmen würden. Sein Vertrauen in die Wachsamkeit der Partei war unerschüttert. Stalin würde sich nicht lange Sand in die Augen streuen lassen. Der Verräter würde entlarvt werden, und für ihn und alle die anderen unschuldig Verhafteten würde ein neues Leben in Freiheit beginnen. Damit aber auf alle Fälle seine persönliche Unschuld dokumentarisch niedergelegt werde, brachte er dem Natschalnik der NKWD in Workuta ein viele Seiten umfassendes Memorandum, in welchem er sein Leben als Kommunist in Deutschland schilderte, seinen Kampf gegen die Nazis und seine treue Pflichterfüllung während der ganzen Emigrationsjahre in Moskau. Über jeden Schritt, den er getan, jeden Gedanken, der ihn erfüllt hatte, legte er Rechenschaft ab. Allein seinen Verdacht, die Antwort auf seine Fragen, verschwieg er. Den Verräter an der Spitze der NKWD erwähnte er mit keinem Wort. Den Abschluß des Memorandums bildete ein Glaubensbekenntnis zur kommunistischen Idee. Man nahm ihm das umfangreiche Dokument ab, und er arbeitete weiter in der Grube, die an seinen schon sehr dezimierten Kräften zehrte.

Erich Schmidt, der in einer Welt für sich lebte, ahnte nichts von dem raffinierten Spitzelsystem, das die NKWD in jedem Konzentrationslager errichtet hatte. Eines Tages konnte er sein großes Geheimnis nicht mehr bei sich behalten. Er vertraute sich einem Mitgefangenen an, nannte sogar den Namen des Mannes, den er für den Verräter hielt. Kurze Zeit darauf wurde er vor ein Gericht des Lagers gestellt. Wegen »konterrevolutionärer Agitation« erhielt er eine Zusatzstrafe von zehn Jahren. Was wagte dieser dreckige Ausländer zu behaupten? Ein Trotzkist in der Leitung?! Bei so was verstand der NKWD keinen Spaß.

Von zwanzig Jahren Zwangsarbeit, zu denen er insgesamt verurteilt worden war, hatte er bereits mehr als drei Jahre hinter sich gebracht, als man ihn im Dezember 1939 unter Bewachung nach Moskau zurücktransportierte. Jetzt – Erich Schmidt wußte es genau –, jetzt hatte seine Stunde geschlagen. In Moskau würde sich seine Unschuld herausstellen. Sicher war die Verschwörung aufgedeckt worden, und das bedeutete für unzählige unschuldige Gefangene die Freiheit. Erich sah ein neues Leben vor sich, als Genosse unter Genossen, im Kreise seiner Familie. – Wie groß mochten die Kinder jetzt wohl sein?

Aber in Moskau war von Freiheit keine Rede. Er erhielt ein neues Urteil: Ausweisung aus dem Territorium der UdSSR. Es gab keinen Einspruch. Seine Frau und seine

Kinder werde man ihm nachschicken, versicherten die Beamten der NKWD. »Aber wohin wird man mich ausweisen?« – »Das werden Sie noch früh genug erfahren!«
So geschah es, daß der gleiche Gefangenenwaggon, der dreißig kommunistische deutsche und österreichische Emigranten transportierte, Erich Schmidt und auch mich nach Brest-Litowsk brachte, wo wir von der NKWD an die Gestapo ausgeliefert werden sollten. Damals sah ich ihn zum ersten Mal. An der Demarkationslinie, als schon die SS auf uns wartete, kämpfte Erich Schmidt noch einmal verzweifelt um Gerechtigkeit. Es konnte doch einfach nicht möglich sein, daß die Sowjetunion deutsche Kommunisten an die Nazis auslieferte! Aber der NKWD-Offizier hörte ihn nicht einmal an. Mit dem Gebrüll: »Dawai! Dawai!« wurde er vorwärtsgestoßen, bis die SS uns alle in Empfang nahm.
Auf diese Weise kam Erich nach Deutschland zurück. Man schaffte ihn in seine sächsische Heimatstadt, wo man ihn verhörte. Er sagte nichts als die Wahrheit. Er sei immer Kommunist gewesen, und er sei es auch geblieben. Trotz allem . . . Das war der Gestapo wahrscheinlich noch nicht passiert. Sie zog es vor, ihn als harmlosen Irren zu behandeln, und ließ ihn nach kurzer Zeit frei. Er arbeitete wieder als Drucker, bis er eines Tages zur Wehrmacht eingezogen wurde.
Im Jahre 1945 kehrte Erich Schmidt zurück in ein anderes Deutschland. Die Träume, die er immer noch hegte, schienen Wirklichkeit geworden zu sein. In seiner Heimat hatte der Kommunismus gesiegt. Erichs erster Gang führte ihn zur Parteileitung seiner Vaterstadt. Selbstverständlich werde er sich als alter Kommunist für die Aufbauarbeit zur Verfügung stellen. Allerdings sei vorher noch eine wichtige Angelegenheit zu regeln. Eher könne er nicht mitarbeiten. Und er packte aus. Es gehe um seine

Rehabilitierung. Er könne nicht weiterleben, wenn der NKWD seine Anklage, er sei ein Konterrevolutionär, nicht zurücknehme, wenn sein Urteil auf 20 Jahre Arbeitsbesserungslager nicht revidiert werde. Nur die Partei könne ihm dazu verhelfen. Sie sei sogar dazu verpflichtet, da sie ihn seit Jahrzehnten als treuen Genossen kenne. Außerdem möge man die sowjetischen Behörden veranlassen, daß seine Familie nach Deutschland geschickt werde, denn das habe ihm der NKWD vor seiner Auslieferung an die Nazis zugesagt.
Die Parteileitung war verblüfft. Sie versuchte zunächst, Zeit zu gewinnen, und vertröstete Erich auf später. Er ging nach Hause und legte wiederum alles schriftlich nieder, seinen ganzen Leidensweg durch die Gefängnisse und Lager der Sowjetunion. Um seiner Schilderung mehr Glaubwürdigkeit zu verleihen, fügte er dem Bericht Zeichnungen von seiner Zelle im Gefängnis Butirki bei, sowie von den verschiedenen Lagerabschnitten Workutas, wo er geschuftet hatte.
Aber auch diese schriftlichen und graphischen Unterlagen schienen bei den Genossen von der Parteileitung keinen tieferen Eindruck zu hinterlassen. Ganz im Gegenteil. Sie wurden ungeduldig, wiesen ihn ab und ließen sich einfach verleugnen, wenn er kam, um sein Recht zu fordern. Doch sie hatten nicht mit der Hartnäkkigkeit Erich Schmidts gerechnet. Neue Ungerechtigkeit richtete sich drohend vor ihm auf, und in seiner Qual begann er, allen Genossen, die er traf, von seinem Schicksal zu erzählen. Er fand willige Zuhörer. Manche allerdings hielten ihn für einen halb verrückten Querulanten, der für die Partei nichts als eine Gefahr bedeutete. Andere aber waren über seine Enthüllungen erschüttert. Als gute Kommunisten rieten sie ihm, nach Berlin zu gehen. Das Politbüro werde ihm bestimmt sein Recht

verschaffen. Vor allen Dingen Wilhelm Pieck und Walter Ulbricht, die zu jener Zeit doch auch in Moskau gelebt hatten. Sie würden sicher Verständnis haben für seine Probleme.

Erich fuhr nach Berlin. Als geschlagener Mann kehrte er nach Halle zurück. In Berlin, beim Zentralkomitee der Partei, hatte man ihn kaum angehört. Gereizt wurde er zurechtgewiesen, man habe wichtigere Dinge zu tun, als sich mit seiner Rehabilitierung zu befassen. Er solle durch treue Parteiarbeit beweisen, daß er es verdiene, Genosse genannt zu werden ...

Aber noch immer hatte er den Mut nicht gänzlich verloren. Kaum in Halle angekommen, meldete er sich von neuem bei der Parteileitung seiner Heimatstadt. Aber auch hier hatte sich der Ton merklich geändert. Man begegnete ihm mit unverhohlenem Mißtrauen, schien an seiner Unschuld zu zweifeln und sprach drohend von Untersuchung und Parteiverfahren. Er spürte, wie sich langsam und unabänderlich ein leerer Raum um ihn bildete. Die Genossen, die ihm noch vor seiner Reise nach Berlin ein offenes Ohr geliehen hatten, rückten von ihm ab, als sei er ein Gezeichneter. Da überfiel ihn panische Angst, ihm war, als sitze er wieder in Moskau dem Untersuchungsrichter gegenüber. Plötzlich wußte er, was die Uhr geschlagen hatte, und dunkel schwante ihm, welch ein Narr er gewesen war. Als ihm eines Tages ein alter Genosse warnend mitteilte, man plane, ihn zu verhaften, packte er seinen Koffer und ging bei Nacht und Nebel über die Zonengrenze nach Westdeutschland. Seinen Glauben an den Kommunismus, um den er jahrzehntelang so hartnäckig kämpfte, hatte er verloren. Damit aber auch den Willen zum Leben. Er starb bald darauf, ein gebrochener Mann, an Magenkrebs.

»Bitte, komm gleich zu mir!« Mehr sagte sie nicht. Ich lege den Hörer auf, so schnell es irgend geht. Ob sie sich schon eingeschaltet hatten? Unser Telefon wird abgehört. Charlottes Stimme klang so seltsam, noch heiserer als sonst. Irgend etwas Schlimmes muß passiert sein. Ob sie etwa Heinrich verhaftet haben? Wie furchtbar schon der Gedanke. Und was würde dann aus Charlotte werden? Hätte er sie doch nur nicht mit nach Moskau gebracht! Allein durch ihren Namen Charlotte Stenbock-Fermor galt sie für die Kommunisten als die Bourguika schlechthin. Vor einigen Wochen, es ist Januar 1937, hat die Verhaftungswelle auf die deutschen Emigranten übergegriffen. Für uns gibt es keine Hoffnung zu entrinnen. Und Charlotte wird das gleiche Schicksal erleiden.
Im Jahre 1932 zeigte mir Heinrich Kurella einmal während der gemeinsamen Arbeit in der Berliner Redaktion der Internationalen Pressekorrespondenz das Foto eines von Locken umrahmten Fin-de-siècle-Gesichtes mit schmachtenden Augen und lieblichen Zügen, die durch die etwas zu kurze Oberlippe überzart, fast zerbrechlich wirkten. Dazu sagte er: »Das ist Charlotte. Ich liebe sie.«
Heinrich und Charlotte wohnen im Hotel »Sojusnaja«, nicht weit vom Hotel »Lux«, in dem Heinz Neumann und ich untergebracht sind. Heinz ist nicht zu Hause. Niemand kann mir raten, was ich tun soll. Aber wozu überlegen, es gibt nur eines: zu ihr gehen. Auf Umwegen laufe ich zum »Sojusnaja«, wo man im Gegenteil zum Hotel »Lux« keine Papiere vorzeigen muß. Ohne gesehen zu werden, gelange ich zum Zimmer Nr. 16 und betrete den häßlichen Raum, dessen Fenster zu einem düsteren, verschmutzten Hof führen. Charlotte, die auf dem Bett gele-

gen hatte, springt auf, läuft auf mich zu und sagt leise: »Wie gut, daß du gekommen bist. Ich muß mit dir reden, obgleich es mir verboten wurde.« – »Ist was mit Heinrich?« frage ich stockend. – »Wieso mit Heinrich?! Der arbeitet doch in der Komintern wie alle Tage!« Ich atme auf: »Gott sei Dank! Ich hatte schon gedacht . . .«; den Rest des Satzes, »daß sie ihn verhaftet haben«, verschlucke ich.

Charlotte zieht mich neben sich aufs Bett, zündet eine Papyrossi an, inhaliert gierig den Rauch und beginnt mit gedämpfter Stimme zu erzählen: »Stell' dir bloß vor, was mir passiert ist. Gestern rief eine mir unbekannte Frau an und fragte auf deutsch, ob ich an einer Arbeit in der Gewerkschaftsinternationale interessiert sei. Ich sagte sofort zu und dachte: Endlich eine Arbeit, wo doch alle auf mir herumhacken, daß ich eine faule »Bourguika« sei. Mit der Unbekannten verabredete ich ein Treffen im Café National. Dort begrüßte mich eine typische Parteifunktionärin, sie trug Schaftstiefel und bewegte sich wie ein Kerl. Sie fragte nach meinen Sprachkenntnissen und dann, seltsamerweise, ob ich noch einen deutschen Paß besäße. Ich zeigte ihn ihr. Sie blätterte darin herum, stellte fest, daß er seit einigen Wochen abgelaufen war und gab ihn mit den Worten zurück: ›Das ließe sich regeln . . . ‹ Bevor ich noch fragen konnte, um welche Arbeit es sich denn handele, sagte diese komische Person, und das klang wie ein Befehl, daß ich mit niemandem über unsere Begegnung sprechen dürfe. Ich erschrak und meinte zögernd: ›Auch nicht mit meinem Mann?‹ Darauf sie: ›Mit niemandem! Haben Sie verstanden!‹ Dann erhob sie sich mit den Worten: ›Ich rufe Sie wieder an‹, und ging.«

Charlotte faßt sich an den Kopf: »Was soll das Ganze bedeuten?! Begreifst du jetzt, daß ich es dir sagen mußte?«

Nur ein ahnungsloser Engel wie Charlotte konnte da noch Zweifel haben. Hier handelte es sich offensichtlich um die Vorbereitung für einen Geheimauftrag. Aber für welchen? Als ich ihr das auseinandersetzte, geriet sie in Panik. »Weshalb grade ich?! Wo ich doch nichts mit den Kommunisten zu tun habe! Was wollen die von mir!«

»Charlotte, mach uns einen Tee. Dann denkt sich's besser.« Sie geht zur Kochplatte in der Ecke des Zimmers und setzt den Wasserkessel auf. Sie ist schlank, beinahe mager und ganz gleich, was für ein Kleid sie trägt, sie wirkt immer elegant. Es ist eine Freude, sie anzusehen. Wir trinken Tee, rauchen, bis das Zimmer blau ist von Zigarettenqualm, rätseln über die mysteriöse Begegnung und ihre möglichen Folgen. Langsam verschwindet der leidende Zug um ihren Mund, die Augen glänzen. Sie scheint erfüllt von Spannung und Abenteurerlust. Wir verabreden, unser Geheimnis streng zu wahren, und ich verspreche Charlotte, sie alle paar Tage zu besuchen.

Eine Woche lang zögere ich, zu ihr zu gehen, denn die Situation in Moskau wird immer bedrohlicher. Die Verhaftungswelle rollt. Gerade in diesen Tagen beginnt der zweite blutige Schauprozeß, der Prozeß gegen Pjatakow, Serebrajakow, Radek und 14 weitere alte Bolschewiken. Auf dem Roten Platz hat man eine Demonstration anberaumt. Die Arbeiter werden aus den Betrieben direkt dorthingeführt. Keiner kann sich davor drücken. Auch alle Angestellten und somit auch die Mitarbeiter des Verlages Ausländischer Arbeiter, zu denen Heinz und ich gehören, müssen daran teilnehmen. So drängt sich an diesem bitterkalten Wintertag auf dem Roten Platz eine vielköpfige Menschenmenge. Kein Ruf wird laut. Schweigend stehen die Menschen im Schnee, und der Gegensatz zwischen diesem Schweigen und den Texten der Spruchbänder, die sie mit sich führen, ist erschrekkend. »Erschlagt sie wie tolle Hunde!« – »Tod den faschistischen Verrätern!« Auf eine Tafel ist das Bild einer riesigen stachelbewehrten Faust gemalt und dazu die Aufschrift: »Es lebe die NKWD, die gepanzerte Faust der Revolution!« Mit den Spruchbändern, die man ihnen zu tragen befohlen hat, fordert die schweigende Menge die Köpfe der Angeklagten des Schauprozesses. Dreizehn von ihnen werden zum Tode, die übrigen vier zu langjährigen Gefängnisstrafen verurteilt.

Als Heinz und ich starr vor Kälte über die Uliza Gorkowo ins Hotel zurückstreben, treffen wir Charlotte. Sie bittet dringend um meinen Besuch. Am nächsten Tag sitze ich wieder in ihrem Zimmer. Nun gibt es keinen Zweifel mehr, daß der sowjetische Geheimdienst ihr Auftraggeber ist. Anstelle der mysteriösen Frau erscheint beim nächsten Treff ein Mann. Auch er interessiert sich für den deutschen Reisepaß und stellt dann eine Art Verhör an, fragt, ob Charlotte in Deutschland vielleicht Bekannte habe, die hohe Funktionen in der NSDAP bekleideten oder gar Ämter in der Regierung Hitlers. Und er nennt Namen ehemaliger Freunde von Charlottes einstigem Ehemann, dem baltischen Grafen Alexander Stenbock-Fermor, einst Kämpfer gegen den Bolschewismus, von den Kommunisten als »Blutsäufer« tituliert, der sich gegen Ende der zwanziger Jahre von rechts nach links gewandelt hatte und zu einem sogenannten Nationalbolschewisten geworden war. Zu diesem Zeitpunkt hatte der Geheimapparat der KPD Heinrich Kurella, einen kommunistischen Intellektuellen bürgerlicher Herkunft, dafür ausersehen, den Grafen Stenbock-Fermor für den Kommunismus zu gewinnen. Im Zusammenhang mit diesem Auftrag lernte Heinrich Charlotte kennen. Sie begannen, einander zu lieben, und Kurella machte Charlotte ihrem Ehemann abspenstig.

Charlotte erzählte mir, wie sie, durch die drohenden Töne des Verhörs in Angst getrieben, sofort zugegeben habe, daß sie einen dieser Freunde ihres geschiedenen Ehemannes persönlich gut kenne und auch wisse, wo er wohne. Daraufhin wurde ihr befohlen, an diesen Bekannten einen Brief folgenden Inhalts zu schreiben: Sie sei todunglücklich in Moskau, ihr Freund betrüge sie und sie habe nur einen Wunsch, wieder nach Deutschland zurückzukehren. Er möchte ihr doch dabei behilflich sein und sich bei der Deutschen Botschaft für sie einsetzen, damit ihr abgelaufener Paß verlängert werde und sie ein Einreisevisum nach Deutschland erhalte. Charlotte schrieb den anbefohlenen Brief und erhielt bald darauf eine Antwort mit dem Hinweis, daß die Botschaft in Moskau bereits verständigt worden sei.

Zu diesem Zeitpunkt brach ich das Charlotte gegebene Versprechen und erzählte Heinz die Geschichte. Das erste, was er sagte, war: »Das ist ihre Rettung! Der NKWD wird sie ins Ausland schicken, und dort kann sie abspringen.« Bevor Charlotte dem nächsten Befehl des Beauftragten des NKWD nachkam, lief sie zur Hauptpost und rief mich an. Ich gehe zu ihr. Diesmal ist sie völlig außer Fassung. Keine Spur mehr von Abenteurerlust. Sie weint. Und was war geschehen? Sie hatte Heinrich alles erzählt ... »Er will mich loswerden«, schluchzt sie. »Er hat nicht etwa gesagt, ich solle bei ihm bleiben. Er war nur glücklich, daß ich wegkäme ... Er will mich los sein. Ich bleibe hier, ganz gleich, was kommen wird. Ich liebe ihn ... Ich kann nicht ohne ihn leben.« Charlotte hat den Kopf verloren. Um sie zu trösten, verrate ich ihr, daß Heinz genauso reagiert habe wie Heinrich, weil beide wüßten, daß sie dann die einzige von uns sein werde, die am Leben bleibe. Hier in Moskau würde man sie mit Gewalt von Heinrich trennen, würde man sie und ihn

verhaften. Ich kann reden, was ich will. Nichts fruchtet. Doch mit einem Argument habe ich schließlich Erfolg: »Wenn du draußen bist, kannst du Heinrich retten. Nur dann. Du fährst nach Genf zum Völkerbund, und dort wird man sich für ihn einsetzen.« In solchen Illusionen lebte ich damals noch . . .
Charlotte rafft sich auf. Nun hatte das Ganze einen Sinn. »Ich soll heute noch zur Deutschen Botschaft gehen, hat dieser Kerl gesagt. Mir ist ganz entsetzlich zumute. Bitte, sage mir, ob ich's wirklich tun soll?« Ich rede ihr zu. Sie wäscht sich das verweinte Gesicht, zieht ihr bestes Kleid an, pudert sich sorgfältig vorm Spiegel und schminkt die Lippen. Als sie dann im schwarzen Fohlenmantel vor mir steht, meint sie ängstlich: »Aber was soll ich da sagen?« – »Mach dir keine Gedanken. Wenn man so hübsch aussieht wie du, ergibt sich das alles von selbst.«
Und es ergab sich. Vor irgendeinem Botschaftsrat tat sie nichts anderes als zu weinen. Selbst das stand ihr gut. Der Paß wurde verlängert und ein Einreisevisum nach Deutschland ausgestellt. Es hatte lediglich einen Haken: Das Visum galt nur für 14 Tage. Sie übergab den Paß ihrem Agentenführer und erhielt ihn beim letzten Treff, versehen mit einem sowjetischen Ausreisevisum sowie einem lettischen und dänischen Einreisevisum, zurück, dazu eine Summe Geldes, eine Fahrkarte über Libau nach Kopenhagen und die Adresse eines dortigen Hotels. Dort habe sie zu warten, wurde ihr befohlen, bis man Kontakt mit ihr aufnehme. Auf ihre Frage, was sie denn nun ihrem Mann sagen solle, überreichte ihr der NKWD-Beamte die Adresse eines Sanatoriums am Ufer des Schwarzen Meeres, wo sie eine Anstellung als Sportlehrerin erhalten habe; das solle sie erzählen. Nicht nur die Briefe ihres Mannes würden an diese Adresse gerichtet sein, sondern auch ihre Antworten an ihn.

Noch einmal wagen sich Heinz und ich ins »Sojusnaja«. Zum Abschiednehmen. Wir strahlen Hoffnung aus. Wenn sie gewußt hätte, wie uns zumute ist. Ich weiche Charlottes ängstlich fragenden Blicken aus. Wir trinken Wodka. Wir lachen und machen Witze. Als wir dann aufstehen, um zu gehen, war mir vor Schmerz der Hals wie zugeschnürt. Oh, diese Abschiede auf Nimmerwiedersehn!
Charlotte war fort. Nie kam eine Nachricht von ihr. Wir drei Zurückbleibenden gingen den erwarteten Weg in die Gefängnisse und Lager des NKWD, Heinz und Heinrich in den Tod.

Januar 1947. Die Zeit der Schrecken liegt hinter mir. Eine amerikanische Hilfsorganisation hat mich als ehemalige KZlerin nach Stockholm eingeladen. Ich will die Sprache des Gastlandes erlernen und melde mich zu einem Kursus beim Arbeiter-Bildungsverband. In einer Gruppe von Schülern warte ich vor dem Unterrichtsraum, als eine Frau neben mir sagt: »Wir werden eine sehr nette Lehrerin haben. Dort kommt sie.« Ich drehe mich um. Vor mir steht Charlotte. Sie weicht zurück, preßt die Hand aufs Herz, und dann kommt der erlösende Schrei: »Was! Du lebst noch!« Wir fallen uns in die Arme. Schluchzend wendet sich Charlotte an die Schüler: »Bitte, gehen Sie nach Hause. Ich hole die Stunde später nach. Heute kann ich nicht unterrichten.«
Wortlos, wie im Nebel, erreichen wir ein Café. Sitzen einander gegenüber und greifen gierig zu den Zigaretten. Nach den ersten Zügen fragt Charlotte mit brüchiger Stimme: »Was ist mit Heinrich? Und was mit Heinz? Leben sie noch?« Ich schüttele den Kopf. »Sie sind verschwunden . . . Wußtest du das nicht?« Sie nickt. Tiefe Leidensfalten ziehen ihre Mundwinkel hinunter. »Seit

zehn Jahre habe ich euch als Tote beweint. Aber ich habe nichts getan, um euch zu retten, als es noch möglich war. Ich bin ein trauriger Versager ...« »Aber Charlotte, was redest du da. Das mit Genf und dem Völkerbund hätte sowieso nichts geholfen. Wer erst einmal in einem Gefängnis des NKWD ist, der kommt vor Ende seiner Strafzeit nicht wieder raus. Wenn er die Jahre überlebt hat, bekommt er noch weitere 10 Jahre Verbannung aufgebrummt.« »Aber du?! Wer hat dich denn gerettet?« Ich streichle ihre Hand: »Das wirst du alles von mir hören. Es ist eine lange Geschichte. – Aber, bitte, erzähle mir von dir. Wie bist du entkommen?«

»Mor Anna« heißt das kleine Café, in dem wir sitzen. Alte Stiche an den Wänden, schönes Porzellan in beleuchteten Vitrinen, brennende Kerzen in silbernen Leuchtern auf den Tischen; der ganze Raum ist erfüllt vom Duft nach Kaffee und Wachs. Eine unberührte Insel fern ab von der grausamen Welt, aus der wir kamen.

»Weißt du«, beginnt Charlotte, »ich hatte mehr Glück als Verstand. Mich rettete letzten Endes die Kälte in jenem Winter des Jahres 1937. Nie wäre ich abgesprungen. Dazu war ich viel zu feige, vielleicht auch zu verwirrt. ›Treue zur Partei‹ und was man mir da alles bei der Moskauer West-Universität vorgeredet hatte ... Ich wollte doch keine Verräterin werden ... Aber laß mich der Reihe nach erzählen.

Ich hatte einen Platz im Meshdunarodny Waggon, ganz vornehm, in der 1. Klasse. Saß allein im Coupé mit schmerzendem Herzen und voller Schuldbewußtsein, weil ich an euer Schicksal dachte, an unseren Abschiedsabend im »Sojusnaja«, an die letzte Nacht mit Heinrich. Nur ihn habe ich geliebt ... Fünf glückliche Jahre. Es wurde dunkel. Der Zug rollte durch die Nacht, und mir war entsetzlich bange. Ich versuchte zu schlafen. Es ging nicht. Langsam kam der Tag. Der Zug hielt an. Daß es die Grenze war, erfaßte ich erst, als ein sowjetischer Beamter die Coupetür öffnete und mir meinen Paß zurückgab. Von diesem Moment an mußte ich alle Kraft zusammennehmen, damit keiner merkte, wie heftig ich zitterte. Der Zug fuhr durch eine Art Niemandsland, hielt von neuem, und lettische Beamte kontrollierten Paß, Fahrkarte und Koffer. Alles ging gut. Da sah ich das Bahnhofsschild ›Kaunata‹. Mit einem Schlage war der Jammer weggewischt. Mir war zum Singen zumute. Ein freies Land!

Und dann in Libau ein schönes, sauberes Hotel. Höfliche Menschen. Ein Zimmer mit Bad. Es mag seltsam klingen: nach Wochen verbrachte ich die erste ruhige Nacht. Ja, so ist der Mensch . . .«

Charlotte ruft die Kellnerin, bittet um weiteren Kaffee und steht auf: »Ich muß zu Hause anrufen, Einar Bescheid sagen, damit er die Kinder zu Bett bringt.« – »Einar? Kinder? Bist du verheiratet?« – »Ja, seit neun Jahren.« Sie läuft zum Telefonieren. Ich sehe ihr nach. Sie ist elegant wie eh und je, wirkt aber gehetzt und abgezehrt. Ob sie wohl glücklich ist?

»In Libau entschied sich mein Schicksal. Als ich am Tage nach der Ankunft ins Hafenbüro ging, teilte man mir mit, das Schiff nach Kopenhagen könne nicht auslaufen, da der Hafen zugefroren sei. Die Passagiere hätten einige Tage zu warten. Und wenn schon. Mir war es nur recht. Ich schlenderte durch die Straßen der Stadt mit ihren schönen alten Häusern, den kleinen Läden, wo man alles kaufen konnte, genoß die Farbigkeit des Lebens nach der grauen Düsternis in Moskau und blickte, gegen alle Vernunft, voller Hoffnung in die Zukunft; ich malte mir aus, wie es sein würde, wenn ich mit Heinrich wiederum in der Schweiz lebte.

Tag für Tag lief ich zum Hafenbüro. Als eine Woche verstrichen war, ohne Aussicht auf Weiterreise, denn das Eis wollte nicht brechen, begann ich, nervös zu werden. In Kürze würde der Paß abgelaufen sein, und auch das Geld nahm rapide ab. Am zehnten Tag ergriff mich Panik. An wen sollte ich mich wenden in dieser fremden Stadt?! In meiner Not erinnerte ich mich, daß mir vor Jahren Alexander, mit dem ich damals verheiratet war, von Verwandten in Lettland erzählt hatte. Vielleicht gab es auch welche in Libau. Ich suchte im Telefonbuch, und siehe da, es gab gleich mehrere Stenbock-Fermors. Kurz entschlossen wählte ich eine der Nummern, rief an und meldete mich als Frau des Grafen Alexander Stenbock-Fermor, die auf der Durchreise in Libau sei. Die unbekannten »Verwandten« waren entzückt, luden mich sofort ein und versicherten mir, wie glücklich sie seien, mich kennenzulernen. Aber was sollte ich ihnen erzählen? Wie meinen Aufenthalt in Libau erklären? Ich entschied mich für die Rührgeschichte der treulosen, aber ins Unglück geratenen Ehebrecherin, die von ihrem Geliebten nach Moskau verschleppt worden war und nun mit Hilfe der Deutschen Botschaft ... Na, du weißt schon ... Man glaubte mir jedes Wort. Als ich so nebenbei den abgelaufenen Paß erwähnte, wußte man sofort Rat, denn die Stenbocks waren gut befreundet mit dem deutschen Konsul in Libau. Er verlängerte ohne Zögern den Paß um weitere 14 Tage und gab mir Geld für die Weiterreise. Zwei Tage später konnte das Schiff seine Fahrt antreten. Der Eisbrecher hatte die Rinne geöffnet.«

»Und in Kopenhagen«, frage ich ungeduldig, »bist du dann gleich abgesprungen?« – »Da kennst du mich schlecht«, sagt Charlotte voller Schuldbewußtsein. »Ihr hättet das getan. Doch ich schwankes Blatt ... Aber hör' dir an, in was ich mich hineingedreht habe ... Ich lande-

te genau in dem Hotel, das mein Auftraggeber in Moskau genannt hatte, anstatt eine andere Bleibe zu suchen. Und dort wartete ich, bis man, wie mir befohlen worden war, Kontakt mit mir aufnähme.« – »Aber weshalb denn nur? Du wolltest doch abspringen?« beharrte ich. – »Wollte ich es wirklich? Irgendwie fürchtete ich, wenn ich das täte, Heinrich für immer zu verlieren und vielleicht auch, etwas Schändliches zu begehen, etwas, das den Nazis nützen könnte oder den, wenn Du willst, den ›Klassenfeinden‹.« – »Aber Charlotte! Solche Überlegungen nach allem, was du in Moskau gesehen und gehört hast?!« – »Sei nicht so streng mit mir. Was wußte ich schon, ich ›Bourguika‹, die doch eigentlich gar nicht zu euch gehörte! Und dann mußt du auch bedenken, daß Heinrich, als ich wegfuhr, noch in der Komintern arbeitete. Er war ein Kommunist, zwar kritisch oder, wenn du willst, oppositionell, doch nach wie vor galt für ihn Sowjetrußland als die einzige Kraft gegen den Faschismus. Was Heinz und du damals wirklich dachten, habt ihr mir nie verraten. Letzten Endes hieltet ihr mich für unzuverlässig.« Ich protestierte: »Das nicht. Aber wir wollten dich nicht belasten.« – »Und dann dachte ich auch, daß die Verhalftungen und die Schauprozesse ... verzeih mir ... daß die Angeklagten doch schuldig seien. Nur eines wußte ich, Heinrich war unschuldig ...« – »Ach, Charlotte, er war genauso unschuldig wie Millionen andere, die in den Lagern umkamen.« Charlotte ereifert sich: »Ja, du weißt das, weil du es selbst erlebt hast. Aber ich, ausgerechnet ich kam ungeschoren davon. Bitte, verurteile mich nicht, hab' Verständnis für meine bodenlose Unwissenheit.
Da saß ich dann in dem besagten Kopenhagener Hotel und wartete. Die Tage vergingen. Nichts geschah. Erst als der Paß wiederum ablief und das Geld zuende ging,

mußte ich irgend etwas unternehmen. Aber was? Das einzige, was mir in den Sinn kam, war, die Emigrationsleitung der KPD aufzusuchen und mich dort zu melden. Da aber diese Institution bekanntlich nicht im Telefonbuch steht, machte ich mich auf den Weg, in der Stadt Kopenhagen nach Kommunisten zu suchen. Eines wußte ich aus dem ersten Jahr nach 1933, als Heinrich und ich in der Schweiz lebten: Emigranten pflegen in Cafés herumzusitzen. So lief ich von einem Kopenhagener Kaffeehaus ins andere, spähte nach Gästen, die wie Emigranten aussahen und die deutsch redeten. Schon am ersten Tag entdeckte ich in der Ecke eines großen Cafés eine ganze Gruppe eindeutig kommunistischer Landsleute.

Ohne zu zögern strebte ich auf den Tisch zu, wandte mich an einen der dort Sitzenden und bat: »Könnte ich Sie für einen Moment sprechen?‹ Er folgte mir sofort an einen Nebentisch und ich, von allen guten Geistern verlassen, erzählte ihm die wahre Geschichte und verstieß dadurch gegen alle Regeln der Konspiration . . . Der Ausdruck seines Gesichtes schwankte zwischen ungläubigem Staunen und verächtlicher Feindseligkeit. Dann fragte ich auch noch, um das Maß voll zu machen, nach der Adresse der Emigrationsleitung. Er erhob sich brüsk, bedeutete mir zu warten und ging zurück an den Tisch zu seinen Genossen. Ich sah, wie sie die Köpfe zusammensteckten und miteinander flüsterten, immer wieder neugierig-kritische Blicke auf mich werfend. Mir brach der Schweiß aus, und der Rest normalen Menschenverstandes sagte mir, daß ich einen nicht wiedergutzumachenden Fehler begangen hätte. Der gleiche junge Mann trat an meinen Tisch und schnodderte mich an: ›Wir können Ihnen nicht helfen!‹ – Noch eine Weile saß ich ganz zerschmettert da und dachte nur eines: ›So also behandeln dich die kommunistischen Landsleute . . . ‹ Was sie

aber wirklich taten, das wußte ich erst zwei Tage später, als mich die dänische Polizei im Hotel verhaftete. Die Genossen hatten mich denunziert.
Beim Verhör erzählte ich eine neue Variante meiner Geschichte; der Wunsch, nach Deutschland zurückzukehren, kam nicht darin vor, doch sehr ausgiebig die Leiden in Moskau, die mich schließlich zur Deutschen Botschaft getrieben hätten. Der dänische Polizeibeamte glaubte mir offenbar kein Wort. Aber Dänemark war ein freies Land, und so ließen sie Milde walten. Ich wurde zwar des Landes verwiesen, durfte mir aber wählen, wohin man mich abschieben würde. Die Pariser Adresse der Schwester von Heinrich wurde meine Rettung. Sie bürgte für mich. Ich erhielt Asyl in Frankreich, wohin man mich per Schiff transportierte.«
Ohne den vereisten Hafen von Libau hätte Charlottes Odyssee eine andere Wendung genommen. Da sie mit 14tägiger Verspätung Kopenhagen erreichte, versäumte sie ihren »Kontaktmann«. Eines jedoch blieb mir noch ein Rätsel. »Hast du eigentlich herausgefunden, Charlotte, für welchen Auftrag dich die Spionageabteilung des NKWD ausersehen hatte?« – »Ja. Damals im ›Sojusnaja‹ vergaß ich nämlich, dir zu erzählen, daß mich der Kerl auch nach einem Onkel in Hamburg fragte, der dort ein Baugeschäft besaß. Erst vor kurzem erfuhr ich nun, daß dieser Onkel im Auftrage der Naziregierung militärische Anlagen auf den westfriesischen Inseln erstellte . . . «

Bella mustert sich wohlgefällig im großen Wandspiegel und zieht dabei langsam, geradezu genüßlich, die neuen Handschuhe an, die sie sich extra für ihr resedafarbenes Kostüm kaufte. Sie schüttelt den Kopf, als könne sie's schwer fassen, und sagt vor sich hin: »Wenn die in Wladiwostok wüßten, daß ich jetzt grüne Handschuhe trage...«

Der lange, qualvolle Weg nach Wladiwostok begann am 28. Oktober 1938 in Fürth in Bayern. Und eben dieser Tag – wenn nicht das Unheil dazwischengekommen wäre – sollte Bella drei große Freuden bringen: die Feier ihres 17. Geburtstages, das Geschenk eines eigenen Zimmers und am Abend Schabbes Anfang.

Herr Dr. Hallemann und seine Frau, die das jüdische Waisenhaus in Fürth leiteten, behandelten die Internatskinder genauso wie ihre eigenen. Für jedes Kind gab es selbstverständlich einen Geburtstagstisch, und als Geschenk wurde ihm ein besonders dringlicher Wunsch erfüllt; außerdem war an diesem Tag das Essen ganz besonders festlich, und auch Kuchen und Schlagsahne fehlten nicht. Für Bella gehören die Jahre im Waisenhaus noch heute zu den schönsten Erinnerungen ihres Lebens, und Fürth blieb durch die lange Zeit der Schrekken die Stadt, nach der sie sich zurücksehnte, die sie als Heimat empfand.

Vor Schabbes findet in jeder echten jüdischen Familie Hausputz statt. Und so auch bei Hallemanns. Bella ist mit dem Aufräumen fertig und bügelt gerade ihr Festtagskleid. Da klingelt das Haustelefon. Herr Hallemann bittet Bella, Ruth und Gidel, schnell mal runter in sein Büro zu kommen. Bella läuft, so wie sie geht und steht – nicht mal die Schürze hat sie sich abgebunden – die Treppe hinunter; Ruth und Gidel kommen ihr nachgesprungen. Im Büro stehen zwei unbekannte Männer in hellen Trenchcoats. Herr Hallemann hat drei Pässe in der Hand. Er schlägt sie auf und liest: »Bella Rosenkranz, Ruth Horrowitz und Gidel Zimmets.« Herrn Hallemanns Stimme klingt anders als sonst. Besonders freundlich, ja, beschwichtigend sagt er zu den Mädchen: »Ihr müßt jetzt gleich mal zusammen mit diesen Herren in deren Büro gehen. Dort sollen eure Namen und Geburtsdaten neu eingetragen werden.« – »Sollen wir unsere Mäntel anziehen?« fragt Bella. »Aber nein, das ist doch nicht nötig! Ihr kommt ja gleich wieder zurück . . . «

Das waren die letzten Worte von Herrn Hallemann. »Nicht einmal die Hand habe ich ihm gegeben, hab' mich nur gefreut, nicht weiter putzen zu müssen . . . Ach, was war ich damals für eine dumme Gans, eigentlich noch ein Kind, aber ein streng erzogenes, jüdisches Kind, das überhaupt nichts von der Welt wußte.«

»Wir drei gingen untergehakt vor den beiden Herren her, kicherten und lachten. Es ging zum Polizeipräsidium. Dort sagte man uns – und da verging mir das Lachen –, wir drei seien polnische Staatsbürger. ›Was sollen wir sein?!‹ begann ich zu schreien. ›Ich bin doch in Fürth geboren, und da bin ich doch ein deutsches Kind!‹ Die Herren aber gaben mir keine Antwort, sondern redeten etwas von einer neuen Bestimmung, nach der alle Juden polnischer Herkunft aus Deutschland ausgewiesen werden sollten. Gidel begann zu weinen . . . «

Im Büroraum, in allen anliegenden Zimmern und auf dem Korridor des Polizeipräsidiums drängten sich Menschen, alte und junge, Männer und Frauen, viele mit Koffern und Bündeln. Alles angeblich polnische Staatsbürger aus Fürth in Bayern. – Die drei Mädchen standen in einer Ecke des Korridors und waren ratlos. »Hätte ich doch nur meinen Mantel mitgenommen«, jammert die kleine, zarte Gidel.

Plötzlich kommt Bewegung in die Menge. Man drängt die Menschen auf die Straße hinaus und treibt sie unter Gebrüll und Gestoße auf bereitstehende Lastwagen.

»Wir wurden nach Nürnberg transportiert und am dortigen Hauptbahnhof ausgeladen«, erinnert sich Bella. »Dort waren die Nürnberger Juden schon in Fünferreihen angetreten. Daß sie selbst alte Leute in Reih und Glied aufgestellt hatten, fand ich besonders scheußlich. Und überhaupt die Alten . . . Wir aber sahen dort viele liebe Bekannte! Jungens und Mädchen, die in die gleiche Fürther Realschule gingen wie wir. Wir begrüßten uns, lachten und machten Späße und vergaßen völlig, in was für einer Situation wir uns befanden. – Auf dem letzten Bahnsteig stand ein Sonderzug. Zu dem wurden wir geführt. Wir drei hatten nur eins im Sinn: Auf alle Fälle beieinanderzubleiben, gemeinsam in ein Abteil zu kommen. Und wir schafften es. Ja, es fand sich sogar noch Platz für Margot Kornfeld aus meiner Klasse, die ich besonders gern hatte.

Fast in jedem Abteil war ein Beamter der Gestapo postiert. Wohin die Reise gehen sollte, wußten weder wir noch die Erwachsenen. Der Zug setzte sich in Bewegung, und wir, die wir so gar nicht ans Reisen gewöhnt waren und ja auch nicht ahnten, was noch kommen würde, wurden von Minute zu Minute vergnügter. Wir tuschelten miteinander und tauschten unsere Meinung über die Gestapobeamten aus; wer von ihnen wohl der hübscheste sei, wer am nettesten aussähe, uns also am besten gefiele. Nach so was stand uns Ahnungslosen der Sinn.

Am Abend erreichte der Sonderzug Leipzig, wo der Bahnhof voller Menschen war, die uns stürmisch begrüßten. Wir durften die Fenster aufmachen. Von allen Seiten rief es ›Schalom!‹ Die Juden von Leipzig waren zum Bahnhof gekommen. Sie bewirteten uns mit Brot, warmer Milch und Kaffee. Von den Leipzigern hörten wir, unser Sonderzug sei schon der siebente, der nach Polen abgeschoben würde. – Die Fahrt endete in Bentschen an der polnischen Grenze. Dort wurden alle Passagiere des Zuges einfach an die frische Luft gesetzt. Keiner kümmerte sich mehr um uns. Die Gestapobewachung war spurlos verschwunden. Ihr letzter Befehl lautete: Keiner dürfe sich vom Bahnhof entfernen.

Die Nacht war kalt. Sitzgelegenheiten gab es keine mehr. Und so kauerten wir drei am Boden und versuchten, uns gegenseitig zu erwärmen. Da kam ein Mann. Einer, der ein Herz für uns hatte. Er hieß Jean Mandel und war aus Fürth. Er wußte, wie es um uns steht, daß wir keinen Pfennig Geld hatten, und so kaufte er für Gidel, Ruth und mich Fahrkarten nach Posen. Der dortigen jüdischen Gemeinde schickte er eine Nachricht von unserem Kommen. Noch in dieser Nacht setzte er uns in einen Zug und wünschte uns viel Glück ... Dieser Zug sollte der letzte sein, mit Juden aus Deutschland, den die Polen ins Land ließen. Am nächsten Tag sperrten sie die Grenze.«

Zuerst ging es Bella, Gidel und Ruth verhältnismäßig gut. Der jüdische Frauenverein hatte in Posen ein Pensionat für Mädchen aus Deutschland eingerichtet. Dort wohnten sie, lernten kochen und nähen und hatten Unterricht in polnischer Sprache. Von einer Mitschülerin hörte Bella etwas über den Plan einiger junger Juden, eine Hachscharah zu gründen, eine landwirtschaftliche Vorbereitungsschule, wo man das Notwendigste erlernte für den späteren Aufenthalt in Palästina. Bella war Feuer und Flamme. Sie schrieb sofort nach Warschau an den Initiator der Hachscharah und wurde angenommen.

In der Nähe der polnischen Stadt Bialystok lag das Gut Novosiolky. Dort hatten sich 25 junge Juden eingefunden, um die Landwirtschaft zu erlernen. Auch Bella war besten Willens, sich die nötigen Kenntnisse anzueignen, aber leider ohne jede Begabung für die Arbeit in der Landwirtschaft. Vor der Kuh, die sie melken sollte, lief sie davon. Kochen ging total daneben, denn sie verwechselte den Behälter für Speiseöl mit dem Kanister fürs Petroleum. Letzter Ausweg wurde dann die Arbeit in der Waschküche, in der sie ihr Bestes tat.
Eines Tages drang in die Einsamkeit von Novosiolky die Schreckensnachricht, Hitler sei in Westpolen einmarschiert. Daß es sich bei dieser Okkupation um eine Abmachung des 1939 geschlossenen Paktes zwischen Stalin und Hitler gehandelt hat, blieb Bella unbekannt. Für sie war die Teilung Polens der »Ausbruch des Krieges«.
»Max Lippschitz, unser Gruppenführer, erklärte uns den Ernst der Lage und befahl, wir sollten sofort das Notwendigste in Rucksäcke packen. Alles Übrige wurde in der Scheune vergraben und vorsichtshalber mit Heu zugedeckt. Dann verließen wir den Gutshof, marschierten nach Bialystok und fanden dort im Hause der zionistischen Organisation Unterkunft. Schon am nächsten Tag wurde uns strengstens untersagt, das Haus zu verlassen. Und sprechen durften wir auch nur noch im Flüsterton.
Gleich nach unserer Ankunft hatte die deutsche Armee Bialystok besetzt. Acht Tage währte unsere freiwillige Gefangenschaft. Dann kam die Erlösung: Die deutschen Soldaten hatten die Stadt wieder verlassen. Doch kaum waren sie weg, kamen die Russen. Und so gerieten wir vom Regen in die Traufe. Wiederum packten wir alles zusammen und machten uns auf den Weg zum Gutshof Novosiolky, denn unser Ziel war doch Palästina . . . In Novosiolky sah es entsetzlich aus! Alle Sachen, die wir

zurückgelassen hatten, waren zerfetzt, zertrampelt und in Stücke geschlagen. Es sah so aus, als hätte eine wilde Horde dort gehaust.
Am zweiten Tag – wir waren noch beim Aufräumen – erschienen plötzlich 30 russische Soldaten. Sie standen um uns herum und sahen neugierig zu, was wir da täten. Als sie bei einigen Armbanduhren entdeckten, hatten sie nur noch ein Bestreben, in deren Besitz zu kommen.«
Die meisten aus der Hachscharah-Gruppe hatten keine Ahnung vom Ernst der Lage. Erst als der Agronom ihnen einschärfte, die Russen dürften auf keinen Fall erfahren, daß sie Mitglieder einer zionistischen Organisation seien, da jeder Zionist von ihnen erschossen werde, entschlossen sie sich, das Gut so schnell wie möglich wieder zu verlassen. Es war ein Aufbruch in Panik. Bella erzählt: »Im Eilmarsch strebten wir Bialystok zu, und dort erfuhren wir, daß Wilna zur ›neutralen Stadt‹ erklärt worden sei, also weder von Deutschen noch von Russen besetzt werden dürfe. Auf diese Nachricht hin flohen alle Juden gen Wilna . . .
Die Stadt quoll über von Menschen. Es war völlig unmöglich, eine Unterkunft zu finden. Nach einer Nacht auf dem Bahnhof löste ich mir, ohne lange zu überlegen, eine Fahrkarte zurück nach Bialystok. Weshalb ich mich dann einer Gruppe polnischer Flüchtlinge anschloß, die sich nach Weißrußland auf den Weg machten, kann ich überhaupt nicht erklären. Das geschah alles in Panik. Und so landeten wir schließlich in Krasnaja Slaboda, einem Städtchen mit 1000 Einwohnern, das zwischen Minsk und Witebsk liegt.«
Die Armut und der Schmutz in diesem russischen Nest wirkten auf Bella einfach niederschmetternd. Sie war eben an deutsche Verhältnisse gewöhnt. Doch jetzt galt es, die wichtigste aller Fragen zu lösen: Was konnte man

für eine Arbeit finden? An der Art, wie Bella dieses Problem löst, erkennt man zum ersten Mal das, was diesen jungen Menschen besonders kennzeichnet: die außerordentliche Lebensfähigkeit. Ein instinktiver Trieb, ihr Überleben zu sichern, läßt sie auch in den hoffnungslosesten Situationen immer das tun, was sich ihr als größte Chance zum Überleben bietet, selbst dann, wenn es auf den ersten Blick unmöglich scheint. Während ihrer 23jährigen Odyssee durch Gefängnisse, Lager und Freiheit in der Sowjetunion hat dieser Instinkt sie nie im Stich gelassen. Wenn gesteigerter Selbsterhaltungstrieb, erworben in zwei Jahrtausenden der Verfolgung, ein typisches Merkmal der jüdischen Psyche ist, dann kann Bella Rosenkranz durchaus als Symbolfigur gelten.

Was sollte sie also tun? Einen Beruf hatte sie nicht, denn sie ging ja in Fürth noch zur Schule. Die landwirtschaftlichen Kenntnisse, die sie sich in der Hachscharah erworben hatte, trug die Katze auf dem Schwanz weg. Auch vom Haushalt verstand sie nicht allzu viel. Zur Fabrikarbeit aber hatte sie keine Lust. Da hörte Bella, daß man Krankenschwestern suche und die Bezahlung gut sein solle. Medizin und alles, was damit zu tun hatte, waren ihr böhmische Dörfer, aber – und das sollte sich als unschätzbarer Vorteil erweisen – sie beherrschte die lateinische Schrift.

Sie bewarb sich und mußte eine »Prüfung« über sich ergehen lassen, die wahrhaft grotesk war. »Der Arzt schrieb auf einen Zettel das Wort ›Aspirin‹ und forderte mich auf, es zu lesen«, berichtete Bella voller Amüsement. »Ich tat es natürlich. Und er war entzückt. Dasselbe wiederholte sich mit ›Pyramidon‹. Der Arzt hatte offenbar keine Ahnung, daß man in Westeuropa lateinische Buchstaben erlernt, im Gegensatz zur kyrillischen Schrift in Rußland.« Als Bella nach der Dosierung dieser

Medikamente gefragt wurde — und natürlich keine Ahnung hatte —, zog sie sich mit »Ja nje ponimaju« (ich verstehe nicht) zuerst mal geschickt aus der Klemme und benutzte schließlich eine Zwischenbemerkung des Arztes, in der die Dosierung vorkam, als ihre eigene Kenntnis. Damit hatte sie gesiegt und wurde als Staatlich Geprüfte Medizinische Schwester-Praktikantin eingestellt. Schon das war eine Glanzleistung.

Aber es gelang ihr auch zu verbergen, daß sie in Wirklichkeit nicht die geringste Ahnung von ihrem »Beruf« hatte, der ihr später im Lager wahrscheinlich das Leben rettete und den sie dann unter ungewöhnlichen Umständen ausüben sollte. Mit starkem Willen brachte sie es fertig, in kürzester Frist im Krankenhaus alles zu erlernen, was man als Krankenschwester braucht. Sie kaufte sich dazu noch die einschlägige Literatur und quälte sich durch den russischen Text, denn diese Sprache war ihr noch keineswegs geläufig. Nur einmal hätte sie sich im Krankenhaus um ein Haar verraten, als sie nämlich dort zum ersten Mal in ihrem Leben einen nackten Mann erblickte und schreiend die Flucht ergriff: für eine »Krankenschwester« ein wahrhaft sonderbares Verhalten.

Überhaupt die Männer! Das war ein Problem für Bella, die inzwischen 18 Jahre alt geworden war. Eine Schönheit konnte man sie nicht nennen, aber sie war voller jugendlichen Temperaments, sie liebte, zu lachen und zu singen. Falls ihr jedoch ein junger Mann zu nahe trat, wurde sie grob ablehnend. Als streng erzogenes, jüdisches Mädchen versteht es sich von selbst, daß sie noch eine Jungfrau war. Aber sie war nicht nur einfach *noch* Jungfrau, sie war auf Grund ihrer Erziehung Jungfrau sozusagen aus tiefster innerer Überzeugung. Noch jahrelang werden erotische Erlebnisse in der häufig sehr handgreiflichen Verteidigung ihrer Jungfräulichkeit gipfeln. Den ersten Mann sollte sie dann unter jammervollen Umständen im Lager haben. Und danach folgt – und auch das ist psychologisch durchaus verständlich – Mann auf Mann.

In Krasnaja Slaboda lernt sie einen jungen jüdischen Fotografen kennen. Er heißt Samuel Wilenski, und sie nennt ihn zärtlich »Mulli«. Für Bella ist diese Beziehung eine Art Kinderfreundschaft, aber für den zwanzigjährigen Mulli keineswegs. Er liebt sie und will mit ihr zusammenleben. Das aber geht nach Bellas Meinung nur über eine Heirat. »Doch wie hätte ich im Drecknest Krasnaja Slaboda eine richtige jüdische Hochzeit feiern können, mit Brautteppich und Baldachin und vielen, vielen Gästen!?« Bella wird traurig, wenn Mulli verstimmt ist und er sie am Abend nicht vom Krankenhaus abholt. Aber einmal kommt er nicht, er mußte in die nächste Stadt fahren, um Fotomaterial zu kaufen. Doch vor der Krankenhaustür steht ein anderer, ein junger Russe, den Bella nicht mag, ja, vor dem sie Angst hat.

»Ich sage ihm, er soll mich in Ruhe lassen. Er aber bleibt wie eine Klette an meiner Seite. Als wir ans Parteihaus kommen, schlägt er vor, dort hineinzugehen. Ich lehne ab und sage, daß ich zu wenig Russisch verstehe und mich bei einem Vortrag nur langweilen würde. Er aber beharrt darauf und verspricht, mir alles zu erklären. Dann meint er, es wäre für mich auch sehr nützlich, einmal in eine Versammlung zu gehen. Und da hört die Gemütlichkeit auf. Ich vergesse, wo ich mich befinde und zische ihn an: ›Pah! Die ganze russische Politik interessiert mich nicht im geringsten!‹ Außerdem sei ich müde und wolle jetzt nach Hause gehen. Er nimmt offenbar an, ich würde mit ihm zusammen nach Hause gehen. Aber das war ein großer Irrtum. Vor meinem Hause gebe ich ihm freundlich die Hand und bedanke mich für die Begleitung. Er aber packt mich und gibt mir einen Kuß, und das ausgerechnet auf den Mund! Voller Ekel und Empörung über diese Frechheit hole ich aus und knalle ihm eine. Er aber revanchiert sich und gibt mir auf jede Backe mindestens drei zurück. Schließlich gelingt es mir, die Haustür aufzuschließen, und ich lande tränenüberströmt in meinem Zimmer.

Am nächsten Tag ruft die Miliz im Krankenhaus an und fordert mich auf, nach dem Ende meiner Arbeitszeit zum Natschalnik der NKWD zu kommen. Ich weiß genau, um was es sich handelt. Aus Rache hat mich dieser Lump denunziert.

Doch zu meiner Verwunderung werde ich vom NKWD-Natschalnik sehr freundlich empfangen. Er fragt gleich, was mir gestern abend mit jenem jungen Mann passiert sei und weshalb ich mich geweigert hätte, mit ihm in die Versammlung zu gehen? In meiner Antwort zwinge ich mich, möglichst schlecht russisch zu sprechen, und betone immer wieder, daß mir ein russischer Vortrag völlig unverständlich bliebe. Ich hatte mehr Glück als Verstand: Dieser Natschalnik war nämlich kein Russe, sondern ein Georgier, ein Mann aus dem Kaukasus. Und so hat er tiefes Verständnis für die Backpfeife, die ich diesem Cham gegeben habe, denn ein Mann dürfe eine Frau erst küssen, wenn sie es ihm erlaubt. Ich war hingerissen. Und ganz belastend war, nach Meinung des Natschalniks, die Tatsache, daß dieser Unmensch mich geschlagen habe. Man holte ihn sogar ins Zimmer, und er wird in meiner Gegenwart vom Natschalnik runtergeputzt und wieder rausgeschickt. Dann allerdings sagt mir der Georgier in väterlichem Ton, ich hätte nie sagen dürfen, daß mich die russische Politik nicht interessiere. Ich verspreche, es nicht wieder zu tun.

Nach ein paar Tagen erfahre ich, daß man den jungen Mann, der bereits als Mädchenverführer bekannt war, für ein halbes Jahr eingesperrt hat. Für die politische Denunziation hat er wahrhaft ein halbes Jahr verdient«, kommentiert Bella mit Nachdruck.

Nachdem Bella eine neuerliche Prüfung bestanden hat und zur Selbständigen Schwester aufsteigt, bekommt sie im Krankenhaus von Witebsk, einer größeren Stadt in Weißrußland, einen Posten als Leiterin der dortigen Kinderabteilung. Der eigentliche Grund, der sie aus Krasnaja Slaboda vertrieb, waren Unstimmigkeiten mit Mulli. Er hatte begonnen, sich mit der Prostituierten des Ortes herumzutreiben. Und das ging zu weit.
In Witebsk hatte sich Bella gut eingelebt. Der Chefarzt des Krankenhauses, Dr. Lippschitz, war sehr nett zu ihr, und der Inhalt ihres Lebens waren die kranken Kinder.
»Es war der 22. Juni 1941. Ich machte meine Arbeit, wie der Arzt mir vorgeschrieben hatte, und ahnte nicht, was an diesem Tag über uns hereinbrechen würde. Die Wirtschafterin des Krankenhauses brachte aus der Stadt die Schreckensnachricht mit: Hitler hat Sowjetrußland den Krieg erklärt und die deutsche Armee stehe bereits kurz vor Witebsk! – Nach einer Stunde wurden Ärzte und Schwestern zum Chefarzt gerufen. Nur ich nicht. Alle gingen an mir vorbei, machten einen Bogen um mich, als sei ich eine Aussätzige. Ihre Blicke waren voller Feindseligkeit. Keine sprach auch nur ein Wort mit mir. So stand ich mutterseelenallein im Korridor. Mir war angst und bange. Was hatte ich nur verbrochen?
Nach einer halben Stunde verließen alle das Zimmer des Chefarztes. Sie standen in den Ecken herum und blickten verächtlich, ja haßerfüllt auf mich. Da faßte ich einen Entschluß. Da sich die Auszahlung unseres Gehaltes

wieder einmal um zwei Wochen verzögert hatte, ich schon seit 14 Tagen meine Miete schuldig war und keinen Pfennig Geld mehr besaß, klopfte ich an die Tür von Dr. Lippschitz. Als er mich sah, wurde sein Gesicht starr vor Verblüffung. Ich brachte sofort mein Anliegen vor: ›Geben Sie mir, bitte, eine Genehmigung, daß man mir 100 Rubel von meinem Gehalt auszahlt, denn ich habe keine Kopeke mehr . . .‹

Jetzt hatte er sich gefaßt. Er brüllte mich an: ›Was fällt Ihnen ein, gerade jetzt wegen Geld zu mir zu kommen! Wissen Sie denn nicht, daß der Krieg ausgebrochen ist, und zwar mit den Deutschen?!‹ Dann deutete er mit dem Finger auf mich und rief mit überschnappender Stimme: ›Und Sie, Sie sind ja eine Deutsche! Außerdem habe ich kein Geld und am allerwenigsten für eine wie Sie, eine Deutsche!‹ Und dieser Dr. Lippschitz, selbst ein Jude, wußte genau, in welcher schrecklichen Lage ich mich befand. Er brüllte mit mir aus Angst vor den anderen. Er zitterte um sein Leben, und da war von Mitleid keine Rede mehr. So verhielt sich ein Jude zum anderen. Das war eine bittere Lehre. Wie sehr ich auch schluckte, es kamen die Tränen. Beschämt lief ich zur Tür, während Dr. Lippschitz mich noch lauter beschimpfte: ›Sie sind ein Feind des russischen Volkes! Es ist mir ganz egal, ob sie verhungern oder nicht. Ich habe andere Sorgen! Wenn jemand Geld bekommt, dann erst *meine* Leute, die russischen Mädchen . . .‹ Er sprang auf, packte mich bei der Schulter, schmiß mich regelrecht raus und knallte die Tür hinter mir zu . . .

Mit dieser Arbeit war es aus. Ich ging nach Hause. Nur die Wirtin hatte ein paar mitleidige Worte für mich übrig. Lange lag ich wach. Erst gegen Morgen muß ich wohl eingeschlafen sein, denn kurz vor 6 donnerten Schläge an die Tür. Der NKWD. Man kam mich holen.

Das Erlebnis im Krankenhaus hatte mich so tief getroffen, daß ich auf das Erscheinen der NKWD eher gelassen reagierte. Schlimmer konnte es schon gar nicht mehr kommen. Das aber war ein großer Irrtum. Als mir der NKWD-Mann einen Zettel hinstreckte mit der Aufforderung, ich solle ihn unterschreiben, und ich das Wort ›Haftbefehl‹ entzifferte, begann ich zu lachen. So wenig war ich mit den Gepflogenheiten dieses Landes vertraut. ›Was soll denn das heißen?!‹ Aber, so komisch es klingt, ich fand gleich einen Trost: Das Ganze kann nur ein Irrtum sein. Die haben sicher meinen Namen verwechselt. Das wird sich sehr bald aufklären . . . «

Der Aufenthalt im Wittebsker Gefängnis, in dem Bella, so wie Millionen anderer Unschuldiger, ihren Weg zum Archipel GULAG antrat und alle Schrecken des Neulings durchlebte, dauerte nur ganze drei Tage. Die Deutschen drangen unaufhaltsam vor, und der NKWD begann mit der Evakuierung der Gefangenen. Das fand wie eh und je in Viehwaggons statt. Besonders schrecklich war in diesem Fall der Wassermangel, denn der Sommer 1941 brachte es in Rußland auf Temperaturen bis zu 30 Grad. Dazu litten die Frauen an Luftmangel, hatte man doch 50 in einen Waggon hineingequetscht. Acht Tage und acht Nächte dauerte diese Fahrt und endete im Gefängnis von Gorki, 300 km östlich von Moskau.
Gorki quoll über von Gefangenen. In Sowjetrußland haben alle Gefängnisse, und es gibt ihrer viele, die gleichen Unterbringungsmethoden. Die Gefangenen, die meistens nicht wissen, weshalb man sie verhaftete, die also nach den Gesetzen aller zivilisierten Staaten noch unschuldig sind, werden schlechter behandelt als Vieh. Sie liegen auf Brettern ohne Strocksack und ohne Decke, die Ernährung ist unter aller Kritik, und an eine Möglichkeit,

gegen diese Verletzung der primitivsten Menschenrechte zu protestieren, dachte in jenen Jahren keiner der armen Unschuldigen. Sie wurden von Wanzen zerbissen und Läusen zerfressen und schwiegen. Noch immer glaubte Bella, daß das Ganze ein Irrtum sein müsse, der sich irgendwann aufklären würde . . .

Aber eines Tages kam ihr alter Mut zurück. Das war, als ein NKWD-Beamter die Zelle besichtigte und fragte, ob jemand eine Beschwerde vorzubringen habe. Bella meldete sich. »Ich möchte gern wissen, wie lange ich noch hierbleiben muß, denn bis heute weiß ich nicht einmal, weshalb man mich überhaupt gefangenhält.« Der Natschalnik sah Bella verdutzt an und meinte: »Sie werden doch wohl wissen, weshalb man Sie geholt hat?« Bella wollte gerade beteuern, daß sie eben dieses nicht wisse, als eine Gefangene gehässig dazwischenschrie: »Die weiß es ganz genau! Das ist doch eine Deutsche!« – Erleichtert sagte der Natschalnik: »Na, also! Da wissen Sie ja, weshalb Sie hier sind!« Bella war in Kampfesstimmung und erwiderte dem Natschalnik: »Ist es denn ein Verbrechen, Deutsche zu sein?!« Eine Mitgefangene packte sie beim Arm und flüsterte ihr ins Ohr: »Bella, um Gottes willen, halte den Mund! Du bringst dich noch ins Unglück!«

»Als man mich nach drei Monaten endlich zum Untersuchungsrichter holte, war ich fest überzeugt, daß sich nun alles aufklären werde, ich nur aus Versehen verhaftet worden sei und bald freigelassen würde. Statt dessen nahm man mir Fingerabdrücke ab: Ich wurde also in die Kartei der politischen Verbrecher eingereiht. Dann beförderte man mich zum Untersuchungsrichter, der wissen wollte, welche Aufträge ich von den Deutschen bekommen hätte, als man mich damals über die polnische Grenze überstellte. Ich versuchte zu erklären, daß ich als

Jüdin dieses Schicksal gehabt habe, worauf der Untersuchungsrichter verlangte, ich solle ihm beweisen, daß ich eine Jüdin sei. Meine Kenntnis der hebräischen Sprache überzeugte ihn nicht im geringsten. ›Auch Pfarrer können hebräisch sprechen und beherrschen die jüdischen Gebote‹, meinte er höhnisch. Ich gab auf und schwieg.

Zwei Tage später wurde ich wieder zum Untersuchungsrichter geholt. Jetzt hatte er einen Trumpf in der Hand! Aus einem Päckchen beschlagnahmter Fotografien zog er eine heraus und hielt sie mir unter die Nase. ›Wollen Sie etwa weiter behaupten, Sie gehörten keiner feindlichen Organisation an?!‹ Ich kapierte nicht, was er wollte. Dann wurde es mir aber plötzlich klar. Der Untersuchungsrichter deutete auf zwei Buchstaben, die auf die Vorderseite eines Pullovers, den ich auf dem Foto trug, gestickt waren. Ich begann zu lachen und erklärte ihm, daß der erste Buchstabe ein ›B‹ sei, nämlich der Anfangsbuchstabe meines Vornamens Bella, und der zweite ein ›R‹ wie Rosenkranz, mein Nachname. Da verlor er die Geduld und brüllte mich an, ob ich ihn etwa zum Narren halten wollte. Der erste Buchstabe sei kein ›B‹, sondern ein ›W‹ und das angebliche ›R‹ heiße nicht Rosenkranz, sondern ›Ja‹. Er las die Buchstaben auf kyrillisch. Ich lachte. Es war zu komisch. Er aber wurde wütend und drohte mir mit Erschießen, wenn ich nicht sofort die Wahrheit sagte, daß ich nämlich einem Spionagering angehört habe.«

Im Laufe einer Nacht brachte es der Untersuchungsrichter fertig, Bella so durcheinander zu bringen, daß sie alle seine Behauptungen schließlich bestätigte und auch noch unterschrieb.

Elli, eine ältere, erfahrenere Mitgefangene, auch eine Jüdin, war entsetzt, als sie hörte, was mit Bella passiert

war. Sie schrieb eine Eingabe und bat, daß Bella bei einem höheren NKWD-Beamten vorgelassen werde. Diese Eingabe hatte Erfolg, und Bella wurde schließlich als »Sozialgefährliches Element« zu fünf Jahren Arbeits-Besserungs-Lager verurteilt. Allerdings sollte diesem Urteil auch noch eine Verbannung folgen. Doch das wurde Bella erst am Ende der fünf Jahre mitgeteilt.
Im Juli 1943, nach zweijähriger, sogenannter Untersuchungshaft, ging Bella auf Transport in das riesige Holzbeschaffungslager Sucho-Beswodnoje, das aus 30 kleineren Lagern bestand mit je 1000 Gefangenen, Männern und Frauen. Sie arbeiteten gemeinsam im Wald, wohnten hingegen in getrennten Baracken. Liebe war streng verboten.
Wenn den Gefangenen der Himmel gnädig war, schenkte er ihnen einen Dauerregen. Dann brauchten sie nicht zur Arbeit im Wald marschieren, sondern lagen auf den Brettern, redeten über die Vergangenheit und häufig auch über die Männer. Eine von ihnen fragte Bella, ob sie schon einen Freund gehabt, schon einen Mann geliebt habe. Bella verwahrte sich heftig dagegen, betonte, daß sie noch nicht verheiratet sei, und wie hätte sie denn da mit einem Mann lieben können? Ein wildes Gelächter antwortete ihr. »Was?! Du bist noch eine Jungfrau?! Schämst du dich denn nicht?! – Na, da ist es ja höchste Zeit, daß wir dir einen Lagermann suchen!« Zuerst meinte Bella, man wolle sich nur über sie lustig machen.
»Aber nein, die Frauen meinten es ernst«, erzählte sie. »Nach einigen Tagen teilten sie mir mit, sie hätten einen Lagermann für mich gefunden. Und sie zeigten ihn mir auch. Ich wußte nicht, wo ich hinsehen sollte, so unangenehm war mir das. Und als der Abend kam, sagten sie, wann und wo er in der Dunkelheit auf mich warte. Sie zwangen mich, aus der Baracke zu gehen. Ich blieb hin-

ter einem Baum stehen, weil ich vor Angst keinen Schritt mehr tun konnte. Schließlich rannte ich in die dunkle Baracke zurück und kroch leise auf die Bretter. Am nächsten Tag fragten mich die Frauen, wie es denn gewesen sei, und als ich ihnen die Wahrheit sagte, verhöhnten sie mich auf gemeinste Weise. Schließlich war ich bereit, auf eine neue Verabredung einzugehen . . . «

Obgleich Bella ja noch jung war, hatte sie größte Schwierigkeiten bei schwerer körperlicher Arbeit. Beim Hacken auf dem Feld schaffte sie nie das Tagespensum und erhielt deshalb immer zu wenig Brot. Als sie dann auch noch zur Arbeit im Wald eingeteilt wurde, ging es mit ihr rapide abwärts. »Morgens um 5 Uhr wurden wir geweckt«, erinnert sich Bella. »Es war vollkommen dunkel. Eine von uns kam von der Abortgrube zurück und rief voller Freude: ›Draußen regnet's! Da werden wir bestimmt drinnen bleiben dürfen!‹ Die Stimmung hob sich sofort. Aber bald stellten wir fest, daß es nicht stark genug regnete, also nicht ausreichte für einen arbeitsfreien Tag. Alle ließen die Köpfe hängen. Wir zogen die noch vom vorigen Tag feuchten Sachen an, das dunkelgraue Baumwollkleid, die mit Watte gesteppten Männerhosen und darüber die ›Telogreika‹, die dunkelgraue, gesteppte Wattejacke. Um den Kopf wickelte man sich irgendeinen Fetzen Stoff.

Um 6 Uhr wurde das Lagertor geöffnet. Wir waren in Reih und Glied zum Appell angetreten und bereits gezählt. Die NKWD-Soldaten mit den Begleithunden warteten schon. Der Zug setzte sich in Bewegung. Es waren gegen 1000 Gefangene. Zum Wald mußte man 4 km marschieren. Dort angekommen, wurde nochmals gezählt und dann den Gefangenen die Arbeit zugewiesen.

Unsere Bewachung saß oben auf den Bäumen in bedachten Hochsitzen. Wehe, wenn jemand versuchte zu fliehen! Er wurde von den Hunden so zugerichtet, daß er nur noch einen Wunsch hatte, ganz schnell zu sterben.

Ich habe mit meiner Freundin Elli oft über Flucht gesprochen. Aber wohin sollte man denn fliehen? Es war doch Krieg, und außerdem besaßen wir ja gar keine Papiere. Damals habe ich noch nicht gewußt, daß – wenn man den festen Willen hat – man auch mit diesen Schwierigkeiten fertig wird . . .

Wir waren schon völlig durchnäßt, bevor die Arbeit begann. Immer noch hoffte man – denn der Regen wurde heftiger –, sie würden uns vielleicht doch in die Baracken zurückführen. Aber umsonst. Die Gefangenenkleidung wurde schwerer und schwerer. Wie ein Schwamm sog sich die Watte voll mit Wasser. Überall drückte es; man konnte sich kaum noch bücken. Meine Arbeit bestand darin, meterlange Holzstämme auf einen Stapel zu schichten und zu ordnen. Dazu brauchte man nicht nur viel Kraft, sondern auch Geschicklichkeit. Und leider fehlte mir beides. Jede halbe Stunde kam eine neue Fuhre mit Holzstämmen, die ich bis zur nächsten Fuhre aufzuschichten hatte. Beim ersten Wagen ging es noch leidlich, aber dann fehlte mir schon die Kraft, einen etwas dickeren Holzstamm hochzuhieven, denn der Stapel wurde höher und höher.

Es regnete unentwegt weiter. Die nassen Kleider begannen, den Körper wundzureiben; jede Bewegung wurde zur Qual. Aber man mußte weitermachen. Unser Brigadier war ein Krimineller, entweder ein Dieb oder ein Mörder. Niemals gab man dieses Amt einem Politischen. Die Kriminellen waren bei der Lager-NKWD besser angesehen als die Politischen, und so war der Häftling auf Gedeih und Verderben auf die kriminellen Brigadiere angewiesen. Wehe, wenn abends beim Rückmarsch ins Lager der Brigadier dem obersten Brigadeführer, auch einem Gefangenen, etwa meldete, man habe schlecht gearbeitet. Dann konnte man bestimmt damit rechnen, gar nicht erst in die Baracke zu kommen, sondern gleich im Karzer zu landen. Und das ohne ein Stück Brot, ohne Wasser . . . Nichts. So, wie man war, völlig verdreckt und durchnäßt, wurde man eingesperrt. Davor hatte ich schreckliche Angst. Im Karzer mußte man bis morgens um 4 Uhr bleiben, durfte dann für eine Stunde raus, um sich zu waschen und die Wassersuppe zu essen. Und gleich danach ging's wieder zum Appell und los in den Wald zur Arbeit. Gegen so etwas gab es nur eine Rettung: Man mußte alles tun, um sich beim Brigadier beliebt zu machen.

An diesem Regentag hatte ich schon keine Hoffnung mehr, dem Karzer zu entgehen. Meine Freundin Elli, die in der Nähe arbeitete, kam öfters mal vorbei und feuerte mich an. Aber bei mir war nichts mehr drin. Es ging schon auf die Mittagszeit. Da heulte auf einmal die Sirene zum Sammeln! Das Glück war kaum zu fassen! Der Lagerkommandant schenkte uns den halben Tag wegen Regen. Die meisten hatten schon keine Kraft mehr, sich wirklich zu freuen. Es reichte nur noch zu einem befreiten Aufatmen.

Es goß in Strömen. Das Wasser rann uns vom Kopf, in den Hals, über den ganzen Körper. Wir zitterten vor Kälte. Alles schlich zum Sammelplatz und stellte sich in Sechser-Reihen auf. Wieder wurde gezählt, ob alle daseien; wieder dauerte es eine halbe Stunde. Ein Glück, daß es gleich beim ersten Mal klappte. An diesem Tag hat bestimmt niemand an Flucht gedacht. Man konnte überhaupt an nichts mehr denken. Langsam bewegte sich der endlose Zug. Man war wie ein Tier in einer riesigen Herde, die getrieben wird und geht.«

Nach schwerer Krankheit wird Bella in einen Invalidenabschnitt abgeschoben, wo es zwar noch weniger Brot gibt, aber dafür leichtere Arbeit. Sie kommt in eine Schneiderei und ist glücklich. In diesem Abschnitt findet Bella ihre Freundin Elli wieder. Sie sieht sie von weitem, ruft und winkt, aber Elli reagiert nicht. Bella ist derart heruntergekommen, so völlig verändert, daß man sie nicht mehr erkennt.
Bei jungen Gefangenen, die noch Willen zum Leben haben, geht es bei ruhigerer Arbeit und etwas besserer Ernährung mit dem Erholen erstaunlich schnell. Viel zu schnell. Aus dem Verwaltungspunkt des Lagers kommt die gefürchtete Untersuchungskommission, die die Arbeitsfähigen aussortiert. Bella ist unter ihnen. Diesmal währt die Qual der Schwerstarbeit für sie nur kurze Zeit. Sie wird mit hohem Fieber in den Krankenblock eingeliefert. Dort zieht sie das große Los. Sie erzählt dem Häftlingsarzt, daß sie von Beruf Krankenschwester sei. Der rät ihr, sich beim Lagerkommandanten zu melden. So erhält sie Arbeit im Krankenhaus und damit die Chance zum Überleben.
Langsam nähert sich der Tag, an dem Bellas fünf Jahre um sein werden. An diesem Tag wird sie ins Büro gerufen. Sie ist in wilder Aufregung, sieht sich schon in der Freiheit. – Man läßt sie einen Zettel unterschreiben, auf dem mitgeteilt wird, daß ihre Haft beendet sei, erklärt ihr aber zu gleicher Zeit, es bleibe alles vorläufig beim alten, denn für politische Gefangene müsse erst eine Sondergenehmigung kommen, die verfügt, wohin sie zu entlassen seien. Bella erleidet einen Nervenzusammenbruch und liegt zwei Monate im Krankenhaus.
Ein Dreivierteljahr später, im Januar 1947, wird sie wiederum gerufen. Sie hört die Worte, nun sei sie wirklich frei. »Und kann ich jetzt nach Deutschland in meine Hei-

mat?« fragt sie den Beamten. Bevor der nach antwortete, sieht sie sich schon in Fürth durch die Straßen ihrer Kindheit gehen ... Der NKWD-Beamte kann ihr keine Antwort geben, denn die Entlassung ist eine lange Prozedur und findet im Sammellager von Sucho-Beswodnoje statt. Für Bella geht die Sache traurig aus: Sie erfährt dort, daß sie zu sibirischer Verbannung verurteilt worden sei. Hätte sie nicht unter denen, die entlassen werden sollten, eine neue Freundin gefunden, Bella aus Rumänien, die ebenso wie sie nach Sibirien verbannt wurde, hätte sie diesen neuen Schock wohl kaum überwinden können. Ihr Verbannungsort liegt 500 km östlich vom Ural im Sokolowski-Rayon, bei Petropawlowsk. Beide Frauen erhalten bei der Entlassung Fahrkarten und dazu Reiseproviant für 8 Tage.
Auf dem Umweg über Moskau erreichen sie nach mehr als einer Woche die Stadt Petropawlowsk, wo sie sich sofort bei der Miliz melden müssen. Dort nimmt man ihnen die Entlassungsurkunde aus dem Lager ab, den einzigen Ausweis, den sie besitzen, und teilt ihnen mit, sie würden am Verbannungsort ein neues Dokument erhalten: den berüchtigten »Schmutzigen Paß«.
Voller Verzweiflung versucht Bella, in einem Petropawlowsker Krankenhaus Arbeit zu erhalten. Doch das ist völlig unmöglich, weil sie kein Papier besitzt. Als sie hört, man würde die Verbannten auf ein Kolchos zur Arbeit schicken, weiß sie, daß das ihr Ende bedeuten würde. Ihre Schuhe hängen in Fetzen von den Füßen. Sie besitzt keinen warmen Mantel, und der sibirische Winter zeigt, was er kann.
Keines klaren Gedankens mehr fähig, läuft sie durch die Straßen der Stadt. Da kommt ein alter Mann auf sie zu. Er trägt einen Hut, hat Peijes, und ein zerfetzter Kaftan hängt an ihm herunter. »Das ist einer von unsre Leit! Der

wird mir helfen!« Sie spricht ihn auf jiddisch an, sagt, wer sie sei und woher sie käme. Der Alte mustert sie kritisch und meint: »Bist' a jiddisch Kind?« Bella nickt. Als der Alte hört, wohin man sie schicken wolle, schlägt er entsetzt die Hände vors Gesicht und stöhnt: »Da bist Du verloren. Im Sokolowski Rayon wirst Du verhungern! Geh nicht! Du bist jung und stark. Fliehe von hier. Fliehe nach dem Westen in eine Stadt, wo es noch Juden gibt. Die werden Dir helfen!« – »Aber Väterchen«, fleht Bella ihn an, »wie soll ich denn fliehen?« – »Zweimal in der Woche kommt hier der Sibirien-Expreß durch. Er hält aber nur eine Minute. Im Moment, wo er anfährt, springst du auf das Trittbrett und klammerst dich am Geländer fest. Du wirst es schon schaffen. Du bist ein tapferes Mädchen ... « Er klopft Bella auf die Schulter und sagt mehrere Male: »Masel-Tow, Masel-Tow.« (Glück! Glück!)

Abends gegen 10 Uhr macht sich Bella auf den Weg zum Bahnhof. Dort verbirgt sie sich hinter einem Holzstoß, damit die Bahnbeamten keinen Verdacht schöpfen. Der Zug kommt. Sie rennt über die Geleise und springt im Moment, als der Zug anfährt, aufs Trittbrett. »Ich habe gestaunt, wie gut das ging«, berichtet Bella. »Die Stufen der Treppe waren ziemlich breit. Ich konnte mit beiden Füßen drauf stehen, und sie waren nicht einmal voller Eis, wie ich gefürchtet hatte. Gut, daß ich Fausthandschuhe besaß, sonst wären die Hände am Geländer angefroren. Gegen den eisigen Fahrtwind klemmte ich mich, so gut es ging, an die Rückwand des Waggons. Die Hauptsache war: wach bleiben! Bei jeder Haltestelle sprang ich schnell herunter, um von der Schaffnerin nicht gesehen zu werden.

Ich war schon viele Stunden unterwegs, da sprang plötzlich, während der Zug hielt, noch jemand aufs Trittbrett:

ein junges Mädchen mit Namen Olga und von Beruf Diebin. Sie kam aus einem Lager nicht weit von Gorki und wollte nach Moskau. Vorsichtshalber stellte ich mich ihr als ›Vera‹ vor und erklärte, auch ich hätte schon als Kriminelle im Lager gesessen. Das war nötig, denn nur so würde Olga mir ihr Vertrauen schenken. Gegen Politische haben die Kriminellen ein tiefsitzendes Mißtrauen.
Sicher hatte uns die Schaffnerin schon länger beobachtet. Plötzlich aber öffnete sie die Waggontür, trat hinaus auf die Plattform und fragte uns: ›Na, ihr zwei Hübschen, wo kommt ihr denn her?‹ Unsere Antwort: ›Vom Lager.‹ – ›Und wohin wollt ihr?‹ – ›Nach Moskau.‹«
Das, was dann geschah, war ungewöhnlich: Die Schaffnerin forderte die beiden Mädchen auf, in den Zug zu kommen, öffnete ein leeres Abteil und sagte: »Setzt euch da hin und rührt euch nicht.« Die beiden schliefen sofort ein . . . Für dieses wahrhaft menschliche Verhalten der Schaffnerin gibt es eine Erklärung. Auf den Trittbrettern der Züge oder auf den Achsen der Räder mitfahrende blinde Passagiere gibt es in Rußland seit den Tagen der Revolution und des Bürgerkrieges. Vor allem pflegten die Besprisorny, die heimatlosen Kinder, auf diese Weise zu reisen.
Bella und Olga schliefen, bis die Schaffnerin sie mit dem Ruf: »Aussteigen! Wir sind in Moskau!« wachrüttelte. – Bella drängte sich durch die Menschenmasse und ging zielstrebig auf das Büro der Bahnhofsmiliz zu. Dort eintretend, beginnt sie ein tierisches Geheule und Geschrei: »Die haben mir alles gestohlen! Meine Papiere, mein Geld und meine Fahrkarte!« Sie schluchzt herzzerreißend. Der Beamte fragt, woher sie denn komme, und sie gesteht ihm, daß sie als Diebin im Gefängnis von Gorki gesessen habe und nach Kiew, wo sie zu Hause sei, entlassen wurde. Die Moskauer Miliz hatte nur ein Bestre-

ben: Kriminelle und sonstige düstere Existenzen so schnell wie möglich loszuwerden. Und so befördert man Bella in einen Zug, der gerade nach Kiew abfahren sollte. – Was Besseres kann sie sich gar nicht wünschen.

Doch Kiew brachte nicht das, was sie erwartet hatte. Ohne Papiere ist man in Rußland kein Mensch. Sie lebte in ständiger Angst, erwischt zu werden. Aber das Schlimmste war: Sie konnte keine Arbeit finden, und eine jüdische Gemeinde, die ihr vielleicht zu einem Dokument verholfen hätte, gab es nicht. In Lemberg, so hörte sie, solle es mehr Juden geben. Also machte sie sich auf den Weg dorthin, und das immer ohne Fahrkarte. Sie unterbricht die halsbrecherische Reise in Tschernowice, entgeht dort mit knapper Not der Verhaftung und kommt schließlich nach Lemberg. Dort hilft man ihr und bringt sie unter, aber sie muß erfahren, daß falsche Papiere mehrere tausend Rubel kosten. Zu gleicher Zeit hört sie jedoch, daß es in irgendeinem Dorf, wo es noch Juden gibt, billiger wäre. Man rät ihr, nach Kolomea zu gehen, das im äußersten Süden der Ukraine liegt. Und dort hat sie Glück. Die Juden eines kleinen Ortes spenden 1000 Rubel, und dafür erhält sie einen Paß auf den Namen Bella Goldberg.

Nun besitzt sie endlich ein russisches Dokument und bemüht sich in Lemberg sofort um Arbeit. Einige Monate geht es gut, aber dann beginnt dort eine schwere Arbeitslosigkeit, und sie verliert ihre Stelle. Sie beginnt mit Schwarzarbeit, handelt auf dem »freien« Markt, näht Babyschuhe, treibt sich mit Männern herum und bekommt Krach mit der Wirtin. Alles geht schief . . .

Überall an den Häuserwänden sind Plakate angeschlagen. Sie haben folgenden Text: »Jungkommunisten, kommt und helft beim Aufbau im Fernen Osten!«

Bella liest, kann sich zwar darunter nicht viel vorstellen, aber neugierig, wie sie ist, geht sie zur angegebenen Adresse. Es handelt sich um den Ausbau des Kriegshafens Nachodka in der Sowjetrepublik Ferner Osten, der in einer Bucht nicht weit von Wladiwostok entsteht. Die Fahrt dorthin ist umsonst. Als Handgeld werden 1000 Rubel gezahlt. Man muß sich auf zwei Jahre verpflichten.
Wenn man seine Miete nicht mehr bezahlen kann und es sogar mit dem Geld fürs Essen zu Ende geht, überlegt man nicht lange ...
Die Fahrt nach Wladiwostok dauerte zwei Wochen. »In Nachodka trafen wir gegen 12 Uhr mittags ein. An Ort und Stelle sah alles ganz anders aus als auf dem Plakat. Die Ausschachtungsarbeiten waren sehr schwer. Auch hier, genauso wie im Lager, bekam man nur den vollen Lohn bei erfülltem Soll. Die Unterkünfte spotteten jeder Beschreibung ...« Bella verflucht ihr Schicksal. Aber was kann man tun? Sie hat sich doch für zwei Jahre verpflichtet und den Vertrag unterschrieben?
Da kam ihr Väterchen Stalin zu Hilfe. Er erließ im Sommer 1950 das sogenannte Bummelantengesetz. »Wer mehr als eine halbe Stunde zu spät zur Arbeit kommt, muß mit einer Haftstrafe von 4 Monaten rechnen.« Darin sieht Bella ihre Chance. Sie bleibt eines Tages ganz einfach im Bett liegen. Zwar muß sie 4 Monate in ein Straflager, das gleich hinter Wladiwostok liegt, aber durch die Haft ist der Vertrag mit der Baugesellschaft null und nichtig geworden. Sie kann sich nach einer anderen Arbeit umsehen.
Bella hört, daß man auf den Schiffen Putzfrauen sucht. Sie geht in den Hafen, um sich zu bewerben. Auf den Schiffen wird nicht schlecht bezahlt. Vor allen Dingen ist man untergebracht und wird verpflegt.

Die erste Schiffsreise macht sie als Putzfrau auf dem Passagierdampfer »Asija«. Da geht es noch halbwegs gesittet zu; nur war das Schiff derart überfüllt – statt 1100 Passagieren drängten sich 3000 Menschen an Bord –, daß die sanitären Anlagen total versagten. Schon auf dieser ersten Fahrt lernt Bella die Gesetze der sowjetrussischen Seefahrt kennen und faßt sie in dem kurzen Satz zusammen: »Auf diesen Schiffen regieren Wodka und Liebe.«

Sie fährt 11 Jahre lang zur See, teils auf jämmerlichen Frachtern, auf Fischdampfern oder modernen Refrigatoren. Sie entwickelt sich zur Buchhalterin, macht in Wladiwostok nach einem Buchhaltungslehrgang sogar ein Examen und wird zuerst zweite und später erste Buchhalterin auf den verschiedensten Schiffen.

»Wodkatrinken habe ich selbstverständlich gelernt, vor allem aber die Kunst, so zu tun, als ob man säuft«, erzählt Bella. Doch mit den Kerlen gab's ständig Klamauk. Eifersucht und Prügeleien waren an der Tagesordnung. Einmal, und das sollte meine letzte Fahrt werden, ging es beinahe schief. Schuld daran war der Kapitän, ein alter, dicker, häßlicher Kerl. Als er völlig besoffen war, versuchte er, mich zu vergewaltigen. Ich aber wehrte mich meiner Haut, schlug ihn zu Boden und rannte dann aus der Kajüte fort. Von da ab mußte ich mich verstecken, sonst wäre ich über Bord gestoßen worden. Aus Rache verfügte der beleidigte Kapitän dann, daß ich zur Putzfrau degradiert wurde. Nun stand mir aber noch ein Urlaub zu, und ich hatte mir in den Kopf gesetzt, nach dem Westen zu reisen. Immer noch hoffte ich, es könnte mir gelingen, irgendwann heim nach Deutschland zu kommen. Mein ›Vermögen‹ betrug damals mehr als 2000 Rubel. Und so machte ich mich auf den Weg nach Kaliningrad, dem ehemaligen Königsberg. Dort kannte ich

nämlich die Adresse der Schwester eines Matrosen.«
In einer Hafenkneipe in Königsberg lernt Bella einen Matrosen kennen, einen, der auf internationalen Linien fährt. Er sieht nicht nur ganz besonders gut aus, sondern ist auch sehr sympathisch. »Ich habe mich in ihn verliebt. Wir gingen zusammen in ein Hotel. Das war der erste Mann, den ich wirklich liebte. Und wie das so ist, begann ich, ihm meine Geschichte zu erzählen. Alles, auch das mit dem falschen Paß und meinem Heimweh nach Deutschland. Er gab mir einen wunderbaren Rat – noch heute bin ich ihm dankbar dafür –, ich solle an das Deutsche Rote Kreuz schreiben, im Brief die Namen aller Verwandten mitteilen, an die ich mich noch erinnern kann, und bitten, mir eine Antwort nach Kaliningrad, hauptpostlagernd, zu schicken. Der Matrose versprach mir, den Brief auf seiner nächsten Fahrt in Hamburg einzustecken ...«
»Und so geschah es. Eine Tante meldete sich. Ich fuhr nach Moskau zur Deutschen Botschaft, erhielt einen deutschen Paß, war wieder Bella Rosenkranz und durfte schließlich – im ganzen dauerte es fast noch zwei Jahre – nach Hause fahren. In Fürth ging ich am ersten Tag zur Jüdischen Gemeinde. Und wer saß dort hinter dem Schreibtisch (ich wollte meinen Augen nicht trauen): Herr Jean Mandel.«

Ignaz Stanislawowitsch Poretsky kam um die Jahrhundertwende in der kleinen österreichisch-galizischen Stadt Woloschisk zur Welt. Das arme Städtchen, das an der russischen Grenze lag, lebte im Schatten des gewaltigen Nachbarn, des großen russischen Reiches. Von dorther schmuggelte man billigere Lebensmittel über die Grenze, und von dorther kamen des Sommers wohlhabende Leute mit der Eisenbahn, um in die westeuropäischen Kurorte, in die Bäder oder an die Riviera zu fahren. Diese Monate waren dann die große Zeit für die Gepäckträger und die Kinder der kleinen Stadt. Da gab es am Grenzbahnhof etwas zu sehen und etwas zu verdienen, denn alle von Rußland kommenden Reisenden mußten umsteigen, mußten ihre Züge verlassen, die auf breitspurigen Geleisen liefen, und in die schmalspurigen des übrigen Europa überwechseln. Dasselbe wiederholte sich bei der Rückkehr der Auslandsreisenden nach Rußland. Bei jeder Zugankunft aus dem Westen füllte sich der kleine, schäbige, galizische Grenzbahnhof mit herrlichen Sträußen exotischer Blumen, von denen sich die elegant gekleideten Damen voller Wehmut trennen mußten. Ein russisches Gesetz verbot nämlich die Einfuhr von Blumen. Angeblich war das eine hygienische Maßnahme, doch wurde behauptet, es läge in Wirklichkeit ein anderer Grund vor. Man fürchtete Blumensträuße, die aus dem gefährlichen Westen kämen, weil sie vielleicht Bomben politischer Feinde enthielten. – Doch die Kinder der kleinen Stadt waren von den duftenden Herrlichkeiten wie verzaubert. Bei ihrem Anblick träumten sie von unerreichbaren südlichen Ländern und geheimnisvollen, schönen Damen, denen man dort diese Pracht

verehrt hatte. – Als er schon ein mit allen Wassern gewaschener Revolutionär war, kam Ignaz Poretsky immer wieder auf diese Blumen zu sprechen.
Beim Tode des Vaters war Ignaz, der Jüngste von drei Kindern, erst 12 Jahre alt. Von da ab brachte sich die verarmte Familie mit dem Verdienst der beiden älteren Geschwister durch. Doch das Geld war knapp und langte nicht, um Ignaz in eine höhere Schule zu schicken. So machte sich der Zwölfjährige selbständig und verdiente allein seinen Lebensunterhalt. Vormittags besuchte er das Gymnasium in Lemberg, die übrigen Stunden des Tages lief er in zerfetzten Schuhen von einer Familie zur anderen und gab seinen reichen und faulen Mitschülern Nachhilfestunden.
Im Städtchen Woloschisk lebte ein von Geheimnis umwitterter Mann, der rote Joseph. Offiziell ging er dem Beruf eines Gepäckträgers nach. Doch inoffiziell oblag er noch einer anderen Tätigkeit, denn auch nachts war er nie zu Hause. Im Schutze der Dunkelheit überquerte er den Grenzfluß hinüber nach Rußland. Im Gegensatz zu manchen anderen seinesgleichen schmuggelte er aber nicht nur Waren, er verhalf russischen Revolutionären zur Flucht nach Österreich. Als Ignaz und seine Freunde schon Jünglinge waren und der Sozialismus sie zu begeistern begann, erzählten sie, der rote Joseph habe auch Wladimir Iljitsch Lenin sicher über den Fluß gebracht. Auch wollten sie wissen, daß Joseph in Wirklichkeit kein gewöhnlicher Schmuggler sei, sondern ein Revolutionär, da er für Fluchthilfe niemals Geld genommen habe. Später munkelte man in Woloschisk sogar, der rote Joseph habe wesentlich zum Ausbruch der russischen Oktoberrevolution beigetragen.
Auf Ignaz wirkte die Ausstrahlung Rußlands besonders stark, weil er eine russische Mutter hatte. Doch diese

Faszination enthielt seltsam zwiespältige Elemente. Rußland blieb nicht nur das Land, wo man alles billiger kaufen konnte, es wurde auch zu einem Land, das Schrecken einflößte, wo es Pogrome gab, wo Studenten Bomben warfen und Zaren und Minister ihre Opfer wurden.

Schon als Dreizehnjähriger bildeten Ignaz und gleichaltrige Freunde aus der kleinen Stadt einen sozialistischen Zirkel. Zu ihm gehörten auch Bertold und Mischa Umanski, zwei Brüder, sowie W. G. Krivitsky, der später durch sein Buch »Ich war in Stalins Dienst« der Welt bekannt geworden ist. Der Mentor dieses Zirkels wurde ein um mehrere Jahre älterer Medizinstudent, der unter dem Namen Fedia vielen westlichen Kommunisten bekannt geworden ist. Fedia war ebenso wie Ignaz Halbrusse, und ihr gemeinsamer Haß galt dem russischen Absolutismus. Alle Mitglieder des Zirkels spielten später eine wichtige Rolle in den Geheimdiensten Sowjetrußlands; alle sollten ihre Treue zur Sowjetunion mit dem Tode bezahlen.

Beim Ausbruch des Ersten Weltkrieges wurde Galizien von der russischen Armee besetzt. Unter ihrer Besatzung festigten sich die bereits bestehenden Beziehungen der Bevölkerung zum großen Nachbarn. Am Ende des Ersten Weltkrieges war Ignaz 19 Jahre alt und ein kultivierter, musikalisch begabter, gutaussehender junger Mann. Alles das galt ihm nichts. Er verzichtete auf ein Privatleben, auf das Studium, auf die Familie und wurde Berufsrevolutionär. Für ihn bedeutete die russische Oktoberrevolution das Fanal für die beginnende Befreiung der Menschheit durch eine neue Gesellschaftsordnung, in der es keine Kriege, kein Morden und keine Armut mehr geben würde. So trat er in die neugegründete illegale kommunistische Partei Polens ein. Von dieser Zeit an ver-

schwand Ignaz Poretsky und lebte unter vielen verschiedenen Decknamen. Einer davon war Ignaz Reis, und später hieß er »Ludwig«. Also lassen wir ihn von jetzt ab Ludwig heißen.
Als im Sommer 1920 die russische Rote Armee unter dem Kommando des Generals Tuchatschewski in Polen einfiel, um dort, wie es in einem damaligen Aufruf heißt, »den endgültigen Ausgang der Weltrevolution zu entscheiden, um der polnischen werktätigen Bevölkerung mit den Bajonetten den Frieden und das Glück zu bringen«, bildete Ludwig, im Auftrag der Kommunistischen Partei Polens, ein Revolutionskomitee. Dieses verübte beim Vorrücken der Roten Armee im polnischen Hinterland Sabotage- und Terrorakte, um den russischen Befreiern den Weg zu bahnen. Kurz vor Warschau wurde der Vormarsch der Roten Armee gestoppt; polnische bewaffnete Kräfte zwangen sie, den Rückzug anzutreten. Die polnischen Kommunisten, die sich für den Sieg der Sache des Kommunismus eingesetzt hatten, wurden nun von der Polizei gejagt, verhaftet, verurteilt und als Landesverräter in die Gefängnisse geworfen.
Im gleichen Sommer des Jahres 1920 hatte sich Ludwigs älterer Bruder freiwillig zur polnischen Armee gemeldet, um die Bolschewiken aus dem Lande zu jagen. Als Kompanieführer fand er bei den Kämpfen den Tod. Für Tapferkeit vor dem Feinde verlieh ihm die polnische Regierung einen Orden. Weder Ludwig noch die kommunistischen Freunde aus seiner Heimatstadt erwähnten jemals etwas über das Schicksal dieses Bruders. Nie kam es Ludwig in den Sinn, daß man in Moskau von einem Bruder wissen könne, der »auf der anderen Seite der Barrikaden« gestanden hatte. Achtzehn Jahre später sollte er belehrt werden, daß der »Große Bruder« alles hörte.
Fedia, der ehemalige Medizinstudent und Landsmann

von Ludwig, lag während des Weltkrieges an der Ostfront. Bei der Nachricht von der Oktoberrevolution desertierte er im Winter 1917 nach Rußland. Im Jahre 1921 schickten ihn die Bolschewiki nach Wien, wo er zusammen mit Josef Krassny, einem alten polnischen Revolutionär und Freund Rosa Luxemburgs, den ersten sowjetrussischen Nachrichtendienst aufbaute. Dieser wurde von Moskau aus durch die sogenannte Vierte Abteilung des Generalstabes der Roten Armee geleitet. Beim Aufbau dieses Apparates suchte Krassny nach den geeigneten Mitarbeitern. Seine Wahl fiel unter anderem auf Ludwig. Doch der saß im polnischen Gefängnis. Aber das war kein Hindernis. Krassny sandte im Jahre 1922 einen Kurier nach Polen, der die für eine Kaution nötige Summe überbrachte und so die sofortige Freilassung des Gefangenen erreichte. Ludwig floh noch am gleichen Tag nach Österreich. Es dauerte nicht lange, bis sein Freund Fedia ihn überzeugt hatte, daß die Tätigkeit in der Vierten Abteilung der Roten Armee in einem ganz besonderen Maße zum Sieg der Weltrevolution beitrage. So wurde nicht nur Ludwig Mitarbeiter von Krassny, sondern auch Krivitsky, die Brüder Umansky und zwei weitere junge Genossen aus der gleichen kleinen Stadt an der russischen Grenze.

Die Arbeit für die Vierte Abteilung vollzog sich, wie jede Spionagetätigkeit, in einer eigenen, abgekapselten Welt; immer in strenger Illegalität, schloß sie jegliche Verbindung zu einer kommunistischen Partei aus. Ein Revolutionär wie Ludwig mußte bei dieser Tätigkeit bald in einen inneren Konflikt geraten. Nur die politische Gläubigkeit verhinderte sein Abgleiten in Zynismus. Immer wieder äußerte er seiner Frau gegenüber den heftigen Wunsch nach einer Arbeit für die polnische kommunistische Partei.

Fünf Jahre lang hatte er sich schon in vielen Ländern Europas mit Hingabe für Sowjetrußland eingesetzt, als er und seine Freunde plötzlich vor ganz neue Probleme gestellt wurden. Im Winter 1927/28 ließ Stalin Leo Trotzki aus der russischen kommunistischen Partei ausschließen und des Landes verweisen. Ludwig hatte nie zu den Anhängern Trotzkis gehört, konnte sich aber dennoch eine kommunistische Bewegung ohne Trotzki überhaupt nicht vorstellen. Mit den aus Moskau eintreffenden Nachrichten, die wie ein Schock auf ihn wirkten, erlebte seine kommunistische Gläubigkeit ihren ersten tiefgehenden Schlag. Er war der Meinung, daß durch diese Methoden Stalins die kommunistische Revolution in Rußland ihren Todesstoß erhalten werde. In seiner Verzweiflung klammerte er sich an die vage Hoffnung, der Kommunismus könne vielleicht noch durch die Arbeiterbewegung außerhalb Rußlands gerettet werden. – Gerade um diese Zeit wurde er nach Moskau gerufen und ihm der Orden der Roten Fahne – der ihm schon früher verliehen worden war – durch einen Tagesbefehl der Roten Armee im Juni 1928 in feierlicher Zeremonie überreicht. Einige Jahre früher hätte er das als eine große Ehre empfunden; jetzt aber steigerte diese Auszeichnung nur noch seine tiefe Depression.

Im Verlaufe der Auseinandersetzung zwischen Stalin und Trotzki, und besonders nach Trotzkis Sturz, wurden überall in Sowjetrußland sogenannte linke oder rechte Oppositionelle aus ihren Parteifunktionen geworfen, viele von ihnen verhaftet oder in entlegene Teile Rußlands verbannt. Auch in der Vierten Abteilung führte man Säuberungen durch, die sich vor allem gegen Mitarbeiter mit einer revolutionären Vergangenheit in den illegalen Parteien richteten, also gegen solche, deren Treue zur Sowjetunion durch die kommunistische Ideologie untermauert war. Gerade diesen Leuten begann Stalin zu mißtrauen. Als erste mußten alle Mitarbeiter aus solchen Ländern, in denen die kommunistischen Parteien illegal waren, daran glauben, also Polen, Letten, Serben und andere. Sie wurden durch sogenannte »eigene Leute«, nämlich durch Russen, ersetzt, die, wie sich später herausstellte, aus anderem Holz geschnitzt waren, die nicht unter ideologischen Skrupeln litten, sondern, wenn es ihnen zu bunt wurde, absprangen, doch nicht mit leeren Händen gingen, sondern erst, nachdem sie die Safes in der russischen Botschaft aufgebrochen hatten und alle Dokumente entnahmen, die für die Regierung, von der sie Asyl erbaten, von Wichtigkeit sein konnten.

Nachdem Ludwig im Jahre 1929 »abgesägt« worden war, konnte er als jahrelanger Mitarbeiter des sowjetischen Geheimapparates schwerlich in seine Heimat Polen zurück. So gab es für ihn, trotz allem, nur die eine Alternative: nach Sowjetrußland gehen und irgendeine Arbeit annehmen. Wahrscheinlich würde man ihn in eine ferne Gegend verschicken, sein dortiger Aufenthalt einem Exil gleichkommen. In gedrückter und verwirrter Gemütsverfassung übersiedelte Ludwig mit Frau und Kind nach Moskau. Als er nicht gleich eine Arbeitsmöglichkeit fand, schlug ihn sein Freund Bortnowski, ein Mitglied des Politbüros der polnischen kommunistischen Partei, für eine Tätigkeit in der Komintern vor. Er sollte einer kommunistischen Partei im Ausland zugeteilt werden. Ludwigs Frau, die über die unheilschwangere Atmosphäre in Moskau entsetzt war, hoffte, ihr Mann möge dem Angebot aus der Komintern zustimmen, denn nach ihrer Meinung war jede Art von Arbeit einem ständigen Aufenthalt in Sowjetrußland vorzuziehen. Eindringlich versuchte sie, Ludwig in diesem Sinne zu überreden, und benutzte dazu sein eigenes Argument, daß er doch seit

Jahren zur Parteiarbeit habe zurückkehren wollen. Aus Ludwigs Entgegnung auf ihre Vorschläge wurde ihr klar, wie weit sich ihr Mann schon vom Kommunismus entfernt hatte, wie tief seine Zweifel und seine Kritik bereits saßen. Gereizt fragte er sie, was für eine Partei sie denn meine, von welcher Parteiarbeit sie da eigentlich rede? Kommunistische Parteien gebe es ja gar keine mehr. Seit wann könne man gehorsame Instrumente Moskaus mit dem Wort »Partei« bezeichnen? Und was solle er in der Komintern? Die sei sowieso nichts anderes mehr als ein Scheingebilde, weil es ja in Wirklichkeit nur *ein* Exekutivorgan gebe, und das sei die Spitze der russischen kommunistischen Partei.

Von Stalin sprach er als Totengräber der Revolution, der sich selbst den Boden unter den Füßen weggezogen habe, als er alle jene vernichtete, die die Revolution in Sowjetrußland hätten retten können. Ludwig hatte keinen Zweifel daran, daß Stalin nun auch in den kommunistischen Parteien der ganzen Welt das gleiche tun werde. Das mache er durch künstlich entfesselte Fraktionskämpfe, die die Parteien zersplittern. Dann läßt er eine Führung nach der anderen absetzen, um sich möglichst gehorsame Kreaturen zu schaffen, bis er schließlich an der Spitze der jeweiligen kommunistischen Partei einen harmlosen Trottel haben werde, wie zum Beispiel diesen Thälmann in Deutschland ...

Fedia, der im Auftrage der Vierten Abteilung in Rom gearbeitet hatte, war schon zwei Jahre vor Ludwig, nämlich 1927, abberufen worden. Er kam nach Wien und gestand Ludwig und dessen Frau, daß er nicht nach Sowjetrußland zurückkehren werde, weil sich dort die Konterrevolution anbahne. Aus diesem Gespräch ging hervor, daß auch Fedia, wie später Ludwig, der Meinung war, man müsse eine selbständige, von Sowjetrußland unabhängi-

ge Arbeiterpartei aufbauen, eine Oppositionspartei zu den bestehenden kommunistischen Parteien, den Werkzeugen Moskaus. Im Jahre 1927 war Ludwig noch tief erschreckt von den düsteren Prognosen seines Freundes. Auch Richard Sorge, der damals für die sogenannte OMS-Abteilung der Komintern arbeitete und sich gerade in Wien auf dem Wege nach Skandinavien befand, wurde in Fedias Plan eingeweiht. Gemeinsam redeten Ludwig und Sorge auf den Abtrünnigen ein und bewogen ihn schließlich, seine Reise nach Moskau fortzusetzen. Leider gab er ihrem Drängen nach. Wie es ihm wirklich ums Herz war, sagte er den damals noch verblendeten Freunden zum Abschied: »Für unsereinen gibt es nur noch zwei Chancen: Entweder werden uns die Feinde hängen – oder die eigenen Leute erschießen ...« Diese Prophezeiung Fedias sollte wörtlich in Erfüllung gehen. Von den drei Gesprächspartnern wurden zwei von den Sowjetrussen erschossen und einer, nämlich Richard Sorge, von den Japanern erhängt ...
Zwei Jahre lebten Ludwig und seine Familie bereits in Sowjetrußland, als im Sommer 1932 die sogenannte INO, die Auslandsabteilung des NKWD Ludwig aufforderte, in ihre Dienste zu treten. Lange konnte er sich nicht dazu entschließen, in irgendeiner Form für das NKWD zu arbeiten, obgleich die Abteilung INO beinahe mit der Vierten Abteilung der Roten Armee identisch war. Doch der NKWD, die Staatspolizei, galt nun eben mal als eine anrüchige Institution, und sie war es auch. Den Ausschlag für seine Zustimmung gab die Einsicht, daß es nur noch diesen einen Weg gab, um ins Ausland zu gelangen.

So wie bei allen Kommunisten war der Prozeß der endgültigen Loslösung von der Weltanschauung, der Ludwig nun seit fast zwei Jahrzehnten anhing, langsam und

qualvoll. Zu seiner endgültigen Abkehr trugen wesentlich die Methoden der Zwangskollektivierung der Landwirtschaft in Sowjetrußland bei, dazu die von Stalin inszenierten Schauprozesse und der Geheimprozeß gegen Tuchatschewski und fünf weiteren Marschällen der Roten Armee sowie die Nachrichten von Massenverhaftungen, die ganz Sowjetrußland mit einer Welle von Terror überfluteten. Zu dieser Zeit kam Krivitsky nach Paris und erzählte Ludwig von einem Verhör in Moskau, wo ihm die Frage gestellt wurde, weshalb er, Krivitsky, der Partei verschwiegen habe, daß Ignatz Poretskys Bruder ein Konterrevolutionär gewesen sei? Krivitsky konnte sich nur aus der Affäre ziehen, indem er behauptete, von diesem lediglich zu wissen, daß er im Kriege gefallen sei. Im Frühjahr 1937 erhielt Ludwig, der damals in Paris lebte, die Aufforderung seiner Dienststelle, sofort nach Sowjetrußland zurückzukommen. Er verweigerte den Gehorsam. In einem Brief nach Moskau an das Zentralkomitee der russischen kommunistischen Partei begründete er seine Haltung. Er schrieb unter anderem folgendes: »... Ich trage eine große Schuld, denn ich habe zu lange geschwiegen ... Doch jetzt trennen sich unsere Wege ... Ich nehme mir die Freiheit, zu Lenin zurückzukehren ... Den Orden der Roten Fahne, der mir für die Verdienste um die Revolution verliehen wurde, schicke ich Euch zurück, denn es ist unter der Würde eines Revolutionärs, diesen Orden zu tragen, wenn gleichzeitig in der Lubjanka Revolutionäre durch Genickschuß ermordet werden ...«
Kopien dieses Briefes sandte er an alle seine noch im Ausland tätigen Kameraden von der Vierten Abteilung. Dann verließ er Paris mit unbekanntem Ziel. Doch an eines hatte Ludwig nicht gedacht: daß der Arm der NKWD lang ist ...

Über sein furchtbares Ende gibt ein Bericht der Schweizer Bundespolizei Aufschluß: »Am 4. September 1937 wurde auf der Straße nach Chamblandes, unweit Lausanne, die Leiche eines erschossenen jüngeren Mannes aufgefunden. Auf dem Toten fand sich ein tschechoslowakischer Paß, der auf den Namen ›Eberhardt‹ lautete. Die in einem Nachbardorf mit ihrem Kinde weilende Frau des Ermordeten machte folgende Personalangaben: Ignaz Reiss, Pole, Jude, Mitglied der kommunistischen Partei der Sowjetunion, hoher Beamter des Geheimdienstes des Volkskommissariats des Innern in Moskau...

Reiss faßte in Paris – angeblich aus Gewissensgründen – den Entschluß, aus der KPdSU auszutreten, und gab dies in einem an diese Partei gerichteten Schreiben bekannt. Dieser Brief gelangte jedoch – wie später festgestellt werden konnte – an den in Paris weilenden höheren Beamten eines Volkskommissariates in Moskau, namens Spiegelglas, Inhaber eines Diplomatenpasses, exterritorial, welcher sich dann an der Organisierung der Ermordung des Reiss beteiligte. Reiss wurde vor der drohenden Gefahr gewarnt, und er flüchtete sich von Paris in die Nähe von Lausanne zu seiner Familie. Dort erhielt Reiss bald den Besuch einer langjährig bekannten Straßburgerin namens Gertrud Schildbach, mit der er eines Abends das Nachtessen in einem Restaurant in Chamblandes einnahm. In der Dunkelheit begaben sich die beiden auf den Rückweg nach Hause. Unterwegs begegneten sie einem Auto, dem ein Mann entstieg, welcher Reiss mit einem Knüppel mißhandelte und niederschlug. Der Fremde und die Schildbach schleppten Reiss in das Auto und töteten ihn durch mehrere Schüsse. Seine Leiche wurde dann aus dem Wagen geworfen, welcher später blutbefleckt beim Bahnhof Cornavin gefunden wurde. Die Insassen des Wagens entkamen über die Grenze.«

Die weiteren polizeilichen Ermittlungen ergaben folgendes: Martignat, Charles Etienne, geb. 1900, Arbeiter des Gaswerkes von Clichy. Er dürfte der eigentliche Mörder des Reiss sein. Martignat soll sich nach Mexiko geflüchtet haben. Er wurde vom Assisenhof de la Seine in contumaciam zum Tode verurteilt;

Abbiate, Roland Jacques, geb. 1905, war Lenker des Wagens. Er hielt sich in Indien, Mexiko, Kuba, den Vereinigten Staaten, Belgrad und Paris auf und gab sich als Restaurateur, Hotelier, Kaufmann, Lehrer usw. aus. Abbiate stand im Dienste der GPU, von der er mit der Beobachtung des Reiss beauftragt wurde. Auch er soll sich nach Mexiko geflüchtet haben;

Schildbach, Gertrud, aus Straßburg, deutsche Staatsangehörige, war bekanntes Mitglied der KP Deutschlands. Im Jahre 1934 hält sie sich in Rom auf, wo sie angeblich Philosophie und Sprachen studierte. Die Schildbach verließ dann Italien und beteiligte sich in der geschilderten Weise an der Ermordung des Reiss. Sie flüchtete sich angeblich nach Spanien, wo sie als kommunistische Agentin verhaftet und verurteilt worden sein soll . . . «

Frau Schildbach, eine Mitarbeiterin des Gehcimapparates, hatte sich in Paris der Familie Reiss angeschlossen. Diese engen Beziehungen zu Ludwig und seiner Frau schienen ihr einziger Lebensinhalt zu sein. Deshalb genoß sie auch deren ganzes Vertrauen. Als sie Ludwig mitteilte, auch sie habe sich vom Kommunismus abgewandt und müsse ebenfalls fliehen, weihte er sie in seine Fluchtpläne ein. Er ahnte nicht, daß er dadurch dem Werkzeug seiner Mörder die Arbeit erleichterte.

Das Lagergefängnis von Ravensbrück hatte eine erstaunlich gute Akustik. Seine Erbauer, Häftlinge aus dem Bibelforscherblock, hätten es nicht besser machen können. Durch Klopfen einigte man sich auf eine bestimmte Stelle, möglichst weit ab von der Zellentür, hielt den Mund oder das Ohr ganz dicht an die Wand und sprach dann mit seinem Leidensgefährten von nebenan. Noch besser ging es, wenn man den Aluminiumbecher zu Hilfe nahm, der als Telefonmuschel und Hörer zugleich diente.

Bisher unterhielt ich mich nur mit der linken Nachbarzelle, mit Presserova und Maria Graf, zwei tschechischen Häftlingen. Von ihnen lernte ich auf diese Weise sogar Text und Melodie eines traurigen tschechischen Liedes.

Heute klopft es das erste mal von rechts. Ich krieche an der Wand entlang, presse das Ohr an den kalten Stein, bis ich in der Ecke am Fenster die Stimme einer Frau vernehme.

»Ich heiße Betty Schneider und bin von Block 2. – Wer bist du denn?« – Ich stelle mich vor. Wir kennen uns von 1940, als ich eine Zeitlang Stubenälteste bei den Prostituierten auf Block 2 gewesen war. Die Erinnerungen an jene Monate gehören nicht zu den besten meiner Lagerjahre.

Betty klagt mir ihr Leid. Sie ist in eine schlimme Sache mit Häftlingen aus dem Männerlager Ravensbrück verwickelt, die sich zutrug, als ich schon im Lagergefängnis saß. Eine Kolonne von Frauen – es waren Asoziale – mußte bei der Mauer, hinter der das Männerlager beginnt, »Splittergräben« ausheben. Auf der anderen Seite arbeiteten zur gleichen Zeit Männerhäftlinge. In die trennende Mauer war ein Loch geschlagen worden,

durch das man den auf Loren geladenen Sand abtransportierte. In Kürze herrschte zwischen den Männern und Frauen ein reger Austausch von Kassibern und Lebensmitteln. Auf Verabredung versteckte man eines Samstags eine Asoziale in einer Lore, deckte sie sorgfältig mit Säkken zu und schob sie ins Männerlager. Dort blieb sie bis Montag früh vor dem Zählappell, da damals die Appelle am Samstagabend und am Sonntag vorübergehend abgeschafft worden waren. Sicher hat der Neid den Mitwisserinnen unter den Asozialen keine Ruhe gelassen, und so wurde die ganze Geschichte denunziert.
Von Betty wollte der Gestapomann Ramdor noch andere Aussagen erpressen. In die Kürschnerei des Männer- und Frauenlagers kamen waggonweise Pelze, die für Uniformen verarbeitet wurden. Ihre ehemaligen Besitzer hatte man im Gas ermordet. In diesen Mänteln fanden Häftlinge die letzte Habe der verschleppten Menschen, Geld, Schmucksachen und Gold. Trotz strengster Weisung, alles an die SS abzuliefern, war eine Zeitlang das Lager voller Ringe und anderer Wertgegenstände. Einige Männerhäftlinge hatten über die Bewachungssoldaten versucht, diese Schmucksachen nach draußen zu verschieben. Sie wurden verraten, und Betty als Mitwisserin denunziert.
Unsere erste Unterhaltung wird jäh unterbrochen, denn draußen nähern sich Schritte der SS-Aufseherin. Wie gut, daß sie Stiefel trägt. Ich springe zum Schemel und tue so, als säße ich dort seit vielen Stunden und täte nichts anderes, als im Dunkeln zu dösen. Das Licht wird von außen angeknipst, die Klappe des Spions beiseite geschoben, und ein Blick überzeugt die SS-Obrigkeit von meinem mustergültigen Verhalten.
Wieder im Dunkeln, beginne ich mit meiner Lieblingsbeschäftigung: dem Rezitieren von Gedichten. Aber dafür

hat Betty kein Verständnis. Sie klopft. »Ob sie mich am Freitag verprügeln werden?« fragt sie. Im »Bunker«, so heißt das Gefängnis im Lagerjargon, wird jeden Freitag die Prügelstrafe vollzogen. Alle Eingesperrten zittern vor diesem Tag, weil sie ja nicht wissen, ob sie nicht unter den Opfern sein werden.

Betty geht es genauso wie mir. Auch sie liegt in Dunkelarrest und bekommt nur jeden vierten Tag das normale Lageressen. Sie leidet schrecklich unter Hunger. Doch für meine Gier nach Licht bringt sie kein Verständnis auf. In der Dunkelheit der Zelle unterscheidet sich der Tag von der Nacht nur durch einen matten Schimmer, der unter dem Türspalt hindurchleuchtet. Ich hocke am Fußboden, starre auf den schmalen Streifen Helligkeit, krieche immer näher an ihn heran, liege schließlich ausgestreckt und presse das Gesicht auf den schwachen Abglanz des geliebten Tageslichtes.

Die Tage im Bunker vergehen. Auch in der Dunkelheit muß jede Stunde durchlebt werden. Das Brot war morgens ausgeteilt worden und sorgfältig in drei Teile gebrochen: für den Morgen, das Mittag- und das Abendessen. Betty klopft. Ich laufe zur Ecke, aber sie ist nicht an der Wand. Ich lausche. Sie pocht gegen den Fußboden. Ich lege das Ohr auf die Dielen und höre zu meiner Verwunderung deutlich eine Männerstimme: »Betty, wie hast du geschlafen?« – Und dann Bettys Antwort: »Danke, Karl! Gut! Aber hungrig bin ich schrecklich. Und heute ist erst der zweite Tag ...« – »Betty, jetzt ist es ganz still. Willst du uns nicht ein Lied vorsingen?!« – »Gern!« Und Betty singt: »Karelchen, du liebes Karelchen ...« Das hatte sie umgedichtet für den Karl da unten in der Zelle, denn eigentlich hieß es »Peterle, du liebes Peterle ...«

Karl kannte nicht Betty und Betty nicht Karl. In jeder stillen Minute im Zellenbau klopften die beiden miteinander. Betty erzählt dem Karl, aus welcher Stadt sie ist, wie sie als Kind war und immer wieder von ihren Erfolgen bei Männern. Karl fragte: »Betty, wie siehst du eigentlich aus? Bist du groß?« Und die Antwort: »Ja, groß und sehr schlank.« – »Bist du blond?« – »Ja, blonde Locken und blaue Augen.« – Ich kannte Betty von Block 2. Sie war klein und zierlich, hatte braune Augen und dunkle Haare. Ein wirklich hübsches Mädchen. Aber nun muß sie so sein, wie Karl sie sich wünscht. – In Karls Zelle liegen noch zwei andere Männer. Der eine heißt Robert. Alle drei erwarten ein Todesurteil wegen »Diebstahls an Wehrmachtsgut«.

»Hast du mich wirklich lieb, Karl?« fragt Betty zärtlich. Und Karl, der mit einem Fuß auf dem Klapptisch seiner Zelle balanciert und sich ans Fenster klammert, um nahe der Decke sprechen zu können, beteuert, nur sie zu lieben. – »Karl, wenn wir rauskommen, wirst du bei mir wohnen. Ich habe ein hübsches Zimmer. Und dann sind wir abends zusammen, die Tischlampe brennt, ich habe meinen rosa Pyjama an. Du sitzt neben mir auf der Couch ...« Es poltert. Karl springt mit einem Satz von seinem Horchposten. Der Aufseher der Männer naht.

Kurze Zeit später, an einem Sonntag, klopft es wieder. Ich krieche zu meinem Horchposten auf dem Fußboden. Es dauert eine Weile, bis ich begreife, was da geschieht. Karl klopft gegen die Decke seiner Zelle und fragt: »Was ist das, Betty?« – Und ich höre die Antwort: »Meine Schulter.« – »Und das?« – »Mein Arm ...« »Mein Rükken ...« »Mein Bein ...« »Mein Schenkel ...« Sie lieben sich. Es ist zum Erbarmen.

Von irgendwoher dringt in die Zelle der Gestank von verbranntem Fleisch. Nicht lange, bevor ich in den Zellenbau kam, hatte ich die ersten Schreckensnachrichten von Auschwitz gehört, sie aber nicht geglaubt. Nachdem der mich verhörende Gestapomann Ramdor mir den Transport nach Auschwitz androht, sind meine Nerven offenbar empfindlicher geworden. Ich wende mich an Betty: »Sag mal, spürst du in deiner Zelle auch so einen stinkenden Rauch?« – »Aber natürlich! Weißt du denn nicht, daß hinter dem Zellenbau das neue Krematorium angefangen hat zu arbeiten?!« Seit über zwei Monaten bin ich in Dunkelarrest und kenne nicht die neuen Errungenschaften von Ravensbrück.

Vor dem Zellenfenster liegt ein kleiner Gefängnishof. Dort haben die Sonderhäftlinge ihren Rundgang. Einmal ruft eine Männerstimme zu irgendeiner Zelle hinauf: »Hast du schon das Neueste von Tunis gehört?!« Mehr konnte ich nicht verstehen. Ich klopfte Betty. Sie weiß von nichts, denn ihre Liebesbeziehung durch die Wand zu Karl hat gerade die erste Trübung erlitten. Und das beschäftigt sie völlig. Sie schlägt mir vor, die Männer in der Zelle unter der meinen zu fragen, ob bei denen vielleicht ein Politischer drin ist. Das tue ich dann. Es dauert eine geraume Zeit, bis die Verbindung hergestellt wird. Ich frage: »Hast du Neuigkeiten von der afrikanischen Front gehört?!« – Er antwortet: »Wie heißt du denn? Und wie alt bist du, und auf welchem Block?« Nachdem ich seine Neugier befriedigt hatte, ließ sein Interesse sofort nach. Ich hätte klüger daran getan, Bettys Methode anzuwenden. Aber mich interessierte Tunis, und die da unten die Frauen . . .

Betty verzehrt sich vor Eifersucht. Karl und die beiden anderen Männer sind nicht in Dunkelarrest. Und da haben sie sich, wenn die Sonderhäftlinge spazierengingen, am Fenster hochgezogen und sich mit einer jungen Rumänin unterhalten. Ich höre von außen den Ruf: »Härr

Karräl!!« Und danach Gespräche und Gelächter, ja, sogar Lieder. Abends tönt es zweistimmig zum Gefängnishof hinaus: »Gute Nacht, Gute Nacht, Gute Nacht! Schlafe wohl, liebes Kind. Gute Nacht! ... Wenn die Sterne am Himmel erscheinen, Gute Nacht ... « Ein heiteres »Danke schön, Härr Karräl!« ist die Antwort. Dann trommelt Betty mit den Fäusten auf den Fußboden und bedenkt Karl mit einer Flut von Verwünschungen. – Die schöne Harmonie ist zerstört ...

Anfang Juli, ich war lange nicht beim Verhör gewesen, kamen vormittags die Aufseherin Binz und die Kalfaktorin mit einer Leiter in meine Zelle. Ich vermutete eine Durchsuchung, aber nein, die Rolljalousien werden hochgezogen! Und es ward Licht! Ich weiß nicht mehr, ob ich gebetet oder geweint oder gesungen habe. Ich klettere mit aller Anstrengung zum geöffneten Fenster hinauf. Einen Fuß gegen den Klapptisch gestützt, klemme ich das Gesicht in den schmalen Fensterspalt. Ich spüre Sommerluft und sehe über dem Rand der Lagermauer Sonne, die auf den neuen Schornstein des Krematoriums scheint, sehe blauen Himmel und rechts vom Schornstein, ganz in der Ferne, eine Kirchturmspitze. Bis meine Arme erlahmen, trinke ich den Anblick von Sonne und Tageslicht und bin berauscht vor Glück, leben zu dürfen.

An diesem Tag wurde mir nicht nur Licht geschenkt: Die Zellentür geht auf, und mit verstörten, bleichen Gesichtern treten zwei Leidensgenossinnen ein: Maria Graf und Presserova. Das gequälte Herz ist kaum fähig, so viel Freude zu ertragen. Ganz verzückt hängt mein Blick an ihren Gesichtern, glückselig lausche ich ihren lieben, vertrauten Stimmen. Durch ihre Gegenwart und ihre Schmerzen versinkt im Nu alles, was in den vergangenen

Monaten Schreckliches geschah. – Jetzt besteht der Tag nicht mehr aus einsamen, dunklen, endlos gedehnten Stunden des Wartens. Den beiden droht die Gefahr schwerer Lagerstrafen, und ich muß ihnen raten und sie trösten.

Nachdem im Sommer 1942 die Bibelforscher die Arbeit verweigert hatten, wurde die Kolonne »Angorakaninchenzucht« aus tschechischen und deutschen politischen Häftlingen gebildet. Zu diesen gehörten Maria Graf und Presserova. Die Transportarbeiten der Angorakaninchenzucht erledigte ein Zivilarbeiter, der bei den Häftlingen der »kleine Kutscher« hieß, denn er war ungewöhnlich klein gewachsen. Dieser Kutscher muß nach der Schilderung aller eine Seele von Mensch gewesen sein. Es dauerte nicht lange, bis er den Häftlingen half, wo er nur konnte. »Linke« Briefe an die Angehörigen wurden geschmuggelt, ja, er ließ sogar die geheimen Antworten an seine eigene Adresse in Fürstenberg schicken und erklärte sich bereit, daß man an ihn aus Prag Medikamente für eine an schwerer Anämie leidende Tschechin schickte. Ich habe vergessen, durch wen die Häftlinge der »Angorazucht« und der »kleine Kutscher« verraten wurden. Alle kamen in den »Bunker«, auch die kranke Tschechin, der »kleine Kutscher«, seine Frau und seine Tochter. Das Unglück war, daß man in deren Fürstenberger Wohnung ein Paket Briefe fand. Ramdor ließ es sich nicht nehmen, sogar nach Prag zu den Angehörigen der Tschechinnen zu fahren, die über den Kutscher Briefe und Pakete gesandt hatten, sie zu verhören und mit Verhaftung zu bedrohen. Den armen Frauen im »Zellenbau« aber sagte er, daß ihre Männer und Eltern nun festgenommen würden. Leider hatte eine von den Frauen bereits gestanden und die anderen schwer belastet. Nach Wochen fällte Ramdor das Urteil gegen die Kolonne »Angorakaninchenzucht«: Maria Graf erhielt fünfundzwanzig Stockhiebe, einige andere kamen in den Strafblock, Presserova kam gegen jede Erwartung frei, der »kleine Kutscher«, seine Frau und Tochter ins Konzentrationslager. Die Kranke wurde aus dem Bunker entlassen, konnte sich aber nie erholen und starb in Ravensbrück.

Die Tage, die wir, Maria Graf, Presserova und ich zusammen in der Zelle waren, scheinen mir in der Erinnerung reine Heiterkeit gewesen zu sein. Wir sangen, ich lernte geduldig einige tschechische Lieder, wir teilten redlich unser Essen, und jeden Abend kniete Maria am Boden und betete in sich versunken.

Es gab eine Zeit, da war der Name Max Hölz vielen Menschen in Deutschland bekannt. Für die Kommunisten und alles, was links war, galt er als ein bewundernswerter Held, ja, eine legendenumwobene Gestalt, die angeblich, wie einst der Schinderhannes zur Zeit der französischen Revolution, die Reichen enteignete und die Armen damit beschenkte. Allerdings wußten die meisten Kommunisten damals nicht, daß Hölz schon 1920 wegen »mangelnder Parteidisziplin« aus der KPD ausgeschlossen worden war. Diese Maßregelung geriet aber bald in Vergessenheit, vor allem, nachdem die KPD den später zu lebenslangem Zuchthaus verurteilten Hölz zum gefeierten Märtyrer erkor. Von da an verherrlichte und beschönigte man seine Taten und verschwieg, daß dieser Hölz nur wenig mit einem Kommunisten gemeinsam hatte, daß er viel eher eine Art Räuberhauptmann gewesen sei, ein von Aggressionen Besessener mit kriminellen, ja pathologischen Zügen. Das, was Hölz später in dem Buch »Vom Weißen Kreuz zur roten Fahne« von seiner Kindheit und Jugend erzählt, erklärt, wenigstens zum Teil, seine spätere Entwicklung zum Rebellen und Terroristen.

Er wurde im Jahre 1889 in Sachsen in der Nähe von Riesa geboren und war der Älteste von fünf Kindern eines Landarbeiters. Die Familie lebte in größter Armut, denn Vater Hölz neigte zum Aufbegehren. Er schmiß jedesmal die Arbeit hin, wenn er sich von einem Gutsinspektor ungerecht behandelt fühlte. Deshalb zog die Familie von Gut zu Gut, und da die Kinder schon früh arbeiten mußten, konnten sie nur sehr unregelmäßig zur Schule gehen. Als heranwachsender Junge fühlte sich

Max Hölz, wie er in seinem Buch schreibt, mehr und mehr aus dem Kreis der anderen Kinder ausgeschlossen, weil er immer schlecht und irgendwie lächerlich gekleidet ging, nämlich Anzüge trug, die seine Mutter aus alten Sachen zurechtschneiderte. Wieder einmal hänselten ihn die Gleichaltrigen, da hob er einen großen Stein auf, doch anstatt ihn auf seine Feinde zu schleudern, zerschlug er sich in rasender Verzweiflung die linke Hand damit, daß das Blut nur so floß, und schrie dabei unter Tränen den Kindern zu, er werde sich alle Finger abhakken, wenn sie nicht aufhörten, über ihn zu lachen. Die Kinder schwiegen vor Entsetzen, und er fühlte sich als Sieger.
Nach dem Ende der Schulzeit wollte Max Hölz Schlosser werden. Nur nicht Landarbeiter! Doch für die Ausbildung fehlte es dem Vater am nötigen Lehrgeld. So begrub er eben seine Hoffnungen, es zu etwas Besserem zu bringen und arbeitete drei Jahre lang auf einem Gut. Eines Tages jedoch verläßt er heimlich sein Elternhaus und läuft davon. Er will nach Baden-Baden, in die Stadt seiner Träume, von der die Mutter Wunderdinge erzählte. Das Geld reicht aber nur bis Heidelberg. Für kurze Zeit wird er dort Hausknecht in einem Hotel. Von da an treibt es ihn während der nächsten acht Jahre von Stellung zu Stellung, von Stadt zu Stadt. Es glückt ihm nicht, etwas »Besseres« zu werden, er bleibt ganz unten. Irgendwann gerät er mit dem Gesetz in Konflikt und versucht es danach in der Fremde. Er geht nach London. Angeblich, so erzählt er, wollte er alle die Jahre hindurch Geld ersparen und dann auf einem Technikum studieren. Doch niemals erreicht er dieses Ziel. Wieder in Deutschland, kehrt er schließlich enttäuscht in seine Heimat, ins Vogtland, zurück und findet in Falkenstein eine Beschäftigung als Kinoerklärer. Das kann er, denn er ist redebegabt.

Beim Ausbruch des Ersten Weltkrieges meldet sich Max Hölz freiwillig zur Armee und wird der Leibwache des Generals von Carlowitz zugeteilt. Was er 10 Jahre später über seine Reaktion auf die Erlebnisse an der Front schreibt, dürfte ihm nachträglich von seinem kommunistischen Mitarbeiter, von Egon Erwin Kisch, suggeriert worden sein. Als anständiges KPD-Mitglied hatte er nun mal gegen den »imperialistischen Krieg« zu sein. Doch wie es wirklich um ihn stand, wie sehr ihn das Kriegshandwerk beeindruckt, ja, imponiert haben muß, wie sehr es ihm lag und er es sich aneignete – ganz abgesehen von den zwei Orden, die er wegen Tapferkeit vor dem Feind erhielt –, zeigte nicht nur seine erstaunliche Fähigkeit, mit der er später, so beim Putsch in Mitteldeutschland, seine Truppe einsetzte und befehligte, sondern auch, wie er in militärischen Begriffen dachte, den soldatischen Jargon beherrschte, und mit welcher Sicherheit er sich als »General«, als Heerführer seiner privaten Roten Armee, zu geben verstand. Im letzten Jahr des Krieges stand Hölz an der Ostfront. Dort will er nicht nur von der russischen Revolution gehört und sich für sie begeistert haben, sondern auch den ersten überzeugten Sozialisten getroffen haben. Und dessen Ideen haben ihn, so schreibt er in seinem Buch, »überwältigt . . . und ihm den Weg zu einer neuen Philosophie« gezeigt . . .

Nach dem Ende des Krieges organisiert Max Hölz, zusammen mit dem Leiter der USPD, in der kleinen Industriestadt Falkenstein, so wie es damals in vielen Städten Deutschlands geschah, einen Arbeiter- und Soldatenrat. Schon bald gerät er jedoch in Konflikt mit den USP-Leuten, die ihn kurzerhand aus dem Arbeiter- und Soldatenrat hinauswerfen. Diese ehemaligen Sozialdemokraten lehnen Hölz als ein fremdes Element entschieden ab. Doch nicht so die Arbeitslosen der kleinen Stadt, die in

größter Not leben. Sie setzen ihre ganze Hoffnung auf die Hilfe des Kämpfers Max Hölz, bitten ihn, eine Versammlung zu organisieren und dort die Öffentlichkeit, vor allem den Bürgermeister, unter Druck zu setzen.
Es war die erste Massenversammlung, auf der Hölz spricht. Wahrscheinlich ging ihm dabei auf, wie stark seine Wirkung auf die Menge ist. Er berauscht sich an seinen Worten, ist von Leidenschaft und Haß gegen die Reichen erfüllt und ruft am Schluß seiner Rede zum sofortigen Handeln auf. An der Spitze der fanatisierten Menge stürmt er sodann das Rathaus von Falkenstein. Man zerrt den Bürgermeister heraus und zwingt ihn, zwischen zwei Arbeiterinnen, die ihn an den Schultern packen, die Spitze des Demonstrationszuges zu bilden und so durch die ganze Stadt Spießruten zu laufen.
Nach diesem Vorfall wird in Falkenstein der Belagerungszustand verhängt und gegen Hölz ein Haftbefehl erlassen. Er war längst in den Wald entflohen. Nach diesem Auftakt beginnt er nun, seinem Bedürfnis nach Revolte, Rache und Terror zu frönen. Sein anarchistisches Temperament treibt ihn zur direkten Aktion. Obgleich versteckt lebend, wiegelt er nach kurzer Zeit die Arbeitslosen zu einem neuerlichen Sturm aufs Rathaus auf. Mit einer Mischung von Drohung, Erpressung und Lüge bringen sie den verschüchterten Bürgermeister soweit, daß er die Soldaten veranlaßt, aus der Stadt abzuziehen. Damit hat Hölz freie Bahn. Er verhaftet den Bürgermeister, läßt eine ganze Anzahl Bürger der Stadt als Geiseln festsetzen und schreitet dann, umgeben von einer Schar ihm höriger Arbeitsloser, zur »Expropriation der Kapitalisten« von Falkenstein, d.h. er nimmt ihnen Geld und Lebensmittel mit Gewalt weg. Das so Geraubte verteilt er unter die Armen der Stadt. Nach seinen ersten Erfolgen wird er immer kühner. Er schreibt Erpressungsbrie-

fe an einen Gutsbesitzer, droht, wenn dieser nicht sofort 10000 Mark herausrücke, ihm alle Pferde wegzunehmen und zu verkaufen. Sofort sendet der Gutsbesitzer das verlangte Geld, und Hölz bezahlt damit den Landarbeitern eben dieses Gutsherren höhere Löhne.
Noch im Jahre 1919 tritt Max Hölz in die KPD ein, wird aber 1920 wegen »parteischädigenden Verhaltens« vorübergehend wieder ausgeschlossen, um dann wiederum in Gnaden aufgenommen zu werden. Ein linientreuer Kommunist wurde er jedoch nie. Er blieb ein Räuberhauptmann.
Nach seinen Raubzügen besetzen die Sicherheitstruppen wiederum Falkenstein, um sein wildes Treiben zu unterbinden. Wieder flieht er und spricht nun unter falschem Namen im Vogtland auf kommunistischen Versammlungen. Wo er auch hinkommt, begrüßt ihn frenetischer Beifall; schon bei seinem Anblick gerät die Menge in wilde Erregung. Bei jedem solchen Auftreten muß er mit seiner Verhaftung rechnen. Immer wieder entkommt er im letzten Augenblick. Dieses Leben in ständiger Gefahr scheint Hölz größte Befriedigung zu bereiten. Er provoziert geradezu gefährliche Situationen, um sich dann, entweder mit Hilfe der Arbeiter oder durch einen Husarenstreich, zu retten. Manche seiner Auftritte erinnern an die Taten Till Eulenspiegels.
Ein von Arbeitern und Arbeiterinnen überfüllter Saal in irgendeiner Stadt. Man wartet gespannt auf den Redner. Alle munkeln, daß es Max Hölz sein werde. Am Eingang steht ein Aufgebot der Polizei. Da springt jemand durchs Fenster in den Versammlungssaal hinein, schwingt sich aufs Podium und beginnt unter dröhnendem Beifall eine Rede voll Leidenschaft und Fanatismus. In Sekundenschnelle bilden die Arbeiter eine undurchdringliche Mauer ums Podium. Der Polizei bleibt nur das Warten.

Hölz beendet die Rede, und noch bevor die hingerissenen Hörer überhaupt reagieren können, verschwindet er wieder durchs Fenster, genauso wie er gekommen war. Doch er hält nicht nur Reden für die Kommunisten. Die KPD benutzt ihn auch zu gefährlicherem Tun. Er überfällt zusammen mit seinen Kumpanen einen Richter, der sich bei irgendeinem Prozeß gegen KP-Leute verhaßt gemacht hat, und schlägt ihn brutal zusammen. Während einer Eisenbahnfahrt wird er von einem Polizisten erkannt. Der alarmiert sofort Unterstützung, um Hölz zu verhaften. Eine ganze Gruppe Uniformierter stürmt in den Zug. Da zieht Hölz aus der Tasche eine Handgranate und brüllt: »Sowie jemand wagt, mich anzurühren, jage ich den ganzen Waggon in die Luft!« Im Laufe von Sekunden war er allein und konnte ungehindert entfliehen. Schon im März 1920, während des Kapp-Putsches, nehmen die Aktionen von Hölz militärischen Charakter an. Er sammelt ungefähr 2000 Mann um sich, arbeitslose Heimarbeiter und allerhand dunkle Elemente, um, wie er erklärt, gegen die reaktionären Freikorps zu kämpfen. Und so marschieren sie auf Falkenstein. Es kommt zu Straßenkämpfen mit der Polizei und den Soldaten. Den Rebellen gelingt es, sich Waffen anzueignen und dann nach guter Partisanenmethode ohne wesentliche Verluste den Rückzug in die Wälder anzutreten. Im Nachbarort Auerbach findet eine Versammlung der Arbeiter statt. Dort proklamiert Hölz die Räterepublik Vogtland und fordert alle Männer auf, sich in seine Rote Armee einzureihen. Begeisterte Zustimmung ist die Antwort. Sofort brechen sie auf, Max Hölz an der Spitze, und entwaffnen nach erbittertem Straßenkampf, der Tote und Verletzte kostet, die Polizei von Auerbach. Nach diesem Erfolg schlägt Hölz immer drohendere Töne an. Es gelingt ihm, den Abzug der Truppen aus Falkenstein zu er-

zwingen. Dann beginnt sein Regiment. Er tyrannisiert die Bürger, die in ihrer Angst zuerst einmal 45000 Mark für die Verpflegung und Ausrüstung der Hölzschen Armee zahlen. Hölz führt einen Bewegungskrieg. Er zieht von Ort zu Ort, und sein angeblicher Kampf gegen die Freikorps nimmt immer wüstere Formen an. Schließlich gelingt es den Soldaten der Sicherheitspolizei, die Hölzschen Banden in die Flucht zu schlagen. Sie fliehen über die Grenze in die Tschechoslowakei.
Ein Jahr später tritt Max Hölz von neuem in Erscheinung. Das geschieht im Zusammenhang mit dem sogenannten Märzaufstand der Kommunisten in Mitteldeutschland. Um die Rolle dieses Rebellen und auch sein späteres Schicksal begreifen zu können, muß man einiges von den politischen Hintergründen kennen, die 1921 die blutigen Unruhen in Mitteldeutschland auslösten. Die Märzaktion war nicht, wie die Kommunisten damals und heute behaupten, eine spontane Revolte der Arbeiter, sie war ein von Moskau gelenkter Putsch.
Wladimir Iljitsch Lenin hatte nach dem Sieg der Oktoberrevolution in Rußland seine Hoffnung auf einen revolutionären Umsturz in Deutschland gesetzt. Die deutsche Revolution jedoch ließ auf sich warten. Die unter Führung der russischen Kommunisten stehende Exekutive der Kommunistischen Internationale kam zu dem Entschluß, den erschütterten Glauben an die versprochene kommunistische Weltrevolution durch Aufstände im Ausland wieder zu festigen und deshalb eine revolutionäre Entwicklung in Deutschland zu provozieren. So schickte Moskau die Komintern-Emissäre Pepper-Poganyi, einen ungarischen Kommunisten, ferner Guralski, ein KP-Mitglied aus Polen, und den ungarischen Aufstandsspezialisten Bela Kun nach Berlin. Mit der optimistischen Losung »Die Zeit ist reif zum Losschlagen!«

trifft man sodann die Vorbereitungen zur Aktion. In einem nicht für die Parteiöffentlichkeit bestimmten Brief Karl Radeks vom 14. März 1921, der »An das Zentralkomitee der VKPD. An die Genossen Brandler, Thalheimer, Frölich, Meyer, Böttcher und Felix« gerichtet ist, stehen folgende unmißverständliche Sätze: ». . . Wenn ihr jetzt nicht alles tut, um durch das ununterbrochene Drängen nach Aktion der kommunistischen Masse das Gefühl ihrer Notwendigkeit beizubringen, werdet ihr in einem großen Moment wieder versagen . . . Falls Krieg kommt, nicht an Frieden, nur Protest, sondern an das Waffenkriegen denken . . . «

Als Ausgangspunkt revolutionärer Aktionen hatte die Berliner Zentrale der KPD unter Anleitung der Kominterndelegation das mitteldeutsche Industriegebiet, den Bezirk Halle-Merseburg, vorgesehen, da dort die kommunistische Partei über bedeutende Kräfte verfügte. Schon in der zweiten Märzwoche 1921 erschienen in der kommunistischen Presse Artikel in forciert aufrührerischer Sprache. Diese Pressekampagne fand ihren Höhepunkt in einer Proklamation der Berliner »Roten Fahne«, die in Riesenbuchstaben mit dem Satz schloß: »Die Waffen in die Hand der Arbeiter!« Danach gab es für die meisten Leser der »Roten Fahne« und der anderen kommunistischen Zeitungen keinen Zweifel mehr, daß man sich am Vorabend eines Aufstandes befand. In Mitteldeutschland, wo durch die aufputschende Pressekampagne und die gesteigerte Tätigkeit des unterirdischen Apparates der KPD, der den Weisungen der Kominternemissäre unterstand, bei den Arbeitern bereits eine entsprechende Spannung herrschte, befolgten die gehorsamen und treuen KPD-Genossen und selbstverständlich auch die von der KAPD, der Kommunistischen Arbeiterpartei, die Aufforderung der kommunistischen Parteiführung, pfiffen auf das Gesetz und erwarben sich Waffen, wo sie sie fanden. Für die Art der kommunistischen Agitation spricht ein damals in Sachsen verbreitetes Flugblatt, das folgenden Inhalt hatte: »Bewaffnet euch, wie ihr immer könnt. Holt euch die Waffen der Konterrevolution. Kein Sipo darf mit Waffen über euren Weg. Der schärfste Generalstreik schlägt euch die Bresche. Es geht ums Ganze. Es geht um die Diktatur des Proletariats ... Hört ihr die donnernden Rufe eurer Brüder? Heute noch müßt ihr handeln! Heute noch muß es donnern zum Sturm!«

Zwei Tage nach dem Beginn des Märzputsches kehrt Max Hölz aus der Tschechoslowakei ins Vogtland zurück. Er erscheint bei einer großen Versammlung in Eisleben, ergreift das Wort und erklärt den Arbeitern, die ihn stürmisch begrüßen, daß in ganz Deutschland bereits die Flammen des Aufruhrs lodern und es nun höchste Zeit für die Mansfelder sei, auch in Aktion zu treten. Mit einem Schwall revolutionärer Parolen fordert er die Arbeiter zu Terror und Plünderung auf und zur Besetzung der Betriebe. Er gibt die Parole aus, daß alle Betriebe, die nicht sofort in den Streik träten, gewaltsam geschlossen würden. Genauso wie früher fasziniert er die Massen mit seiner Heilsbotschaft des roten Terrors. Joseph Schneider, der eigentliche KP-Führer von Mansfeld, ordnet sich ihm sofort unter, wird sein Adjutant und ist Wachs in den Händen des Rebellen. Unter dem Druck des Hölzschen Terrors stehen schon in den nächsten Tagen alle Betriebe still.

Zusammen mit einem gewissen Plettner, einem Mitglied der KAPD, ernennt sich Hölz zum militärischen Führer im Aufstandsgebiet, gibt sich den Rang eines Generals, und die ihm Untergeordneten macht er zu politischen und militärischen Kommissaren. Er fühlt sich als Heerführer, was auch in seiner Kleidung zum Ausdruck kommt. Im Gegensatz zu den »einfachen Soldaten« seiner »Roten Armee«, den Proleten, die ohne Schlips und Kragen gingen, trägt er einen ordentlichen Anzug mit sportlicher Note, dazu Wickelgamaschen und stets einen Hut. Um seinen militärischen Rang sichtbar zu machen, hing ihm ein großer Feldstecher um den Hals. Zu seiner Sicherheit hält er sich während der Kämpfe ein Double, den Genossen Roth, der sowohl seinen Siegelring mit den eingravierten Initialen M. H. als auch seine Uhr tragen muß, um bei einer eventuellen Verhaftung die Polizei irrezuführen.

In kurzer Zeit besetzen die Trupps, die seinem Kommando unterstehen, das Gebiet von Eisleben bis Mansfeld. Im Einverständnis mit der kommunistischen Aufstandsleitung fordert Hölz die Arbeiter zum Eintritt in die Roten Kampftruppen auf, bildet ein »Großes Hauptquartier« und reiht alle Männer zwischen 18 und 45 gewaltsam in seine »Rote Armee« ein. Hölz läßt Plakate mit folgender Erklärung und seiner Unterschrift an die Häuserwände kleben: »Wer die Aufforderung zum Waffendienst nicht befolgt, wird erschossen!« Die Waffen beziehen Hölz und seine Truppen vorwiegend aus den Beständen, die die Arbeiter während des Kapp-Putsches den Bürgerwehren abgenommen hatten.

Mit dem Erscheinen von Hölz hat sich die Situation völlig verändert. Vorher zeigten die Arbeiter von Eisleben und Mansfeld eher eine Neigung, wieder in die Betriebe zurückzukehren, und hatten nur zögernd auf die Weisung der Berliner Zentrale der KPD reagiert, den Kampf mit allen Mitteln fortzuführen und ihn zum bewaffneten Aufstand zu steigern. Nun aber gehen sie zum Angriff auf die Sicherheitspolizei vor, fahren in Lastautos und allen möglichen Gefährten von einem Ort zum anderen, rufen überall die »Diktatur des Proletariats« aus, requirieren, plündern Geschäfte, werfen Handgranaten in Polizeireviere, richten in allen Orten, die sie »einnehmen«, Dynamitanschläge gegen Rathäuser, Steuerämter, Banken, Gerichtsgebäude, Eisenbahnanlagen, Brücken und auch Privathäuser, legen Brände, so z. B. in Eisleben, wo sie drohen, die ganze Stadt in Flammen aufgehen zu lassen, falls der Bürgermeister die Sipo nicht zum Abrükken zwinge, und berauben die Banken, die Sparkassen, die Postämter und die Bahnhöfe. Darauf wird über ganz Sachsen der Belagerungszustand verhängt.

Max Hölz besaß eine erstaunliche Suggestionskraft. In diesem Rebellentyp mischten sich auf seltsame Weise Räuberromantik, Geltungsbedürfnis und der heftige Drang zum Aufbegehren mit primitiver Eitelkeit und kriminellen Zügen. Es verschaffte ihm große Befriedigung, in den Zeitungen immer wieder seinen Namen zu lesen. Nur Meldungen, in denen *er* genannt wurde, interessierten ihn. Wie sich während der Märzereignisse zeigte, waren Hölz und viele seiner Mitkämpfer ganz und gar von militärischen Vorstellungen beherrscht, die wahrscheinlich noch von der Kriegszeit in ihren Köpfen steckten. Daher rührte auch ihr hochstaplerischer Jargon, der allerdings dem kommunistischen sehr entsprach.

Es war aber nicht nur Max Hölz, der die mitteldeutschen Arbeiter unter Erpressung und Drohung zu den Aktionen zwang. Die Kommunisten unter ihnen, und jene, die mit der KPD sympathisierten, gehorchten den Aufrufen und Befehlen ihrer Parteiführung.

Zur besonderen Leidenschaft von Hölz gehört es, Häuser in Brand zu stecken oder zu sprengen. Das pflegt er gern und häufig persönlich zu tun. In seinen Memoiren schreibt er: »Wenn es die Strategie verlangte, war es im-

mer besser, Häuser der Unternehmer niederzubrennen als das Leben revolutionärer Arbeiter zu opfern«. Einmal, als seine Truppen ein Schulhaus angriffen, in dem sich Sicherheitspolizei verschanzt hatte, sei er gezwungen gewesen, eine Anzahl von Gebäuden in die Luft zu sprengen – nämlich einen Bahnhof und einige Privathäuser. Er persönlich führte diese Dynamitanschläge durch. Hölz war von wilder Zerstörungslust und einem unbändigen Machttrieb besessen. Besonders auf seine Heimatstadt Falkenstein hatte er es abgesehen. Darüber schreibt er: »Wir kamen nachts in Falkenstein an. Um Mitternacht sollte das Rathaus gebombt werden . . . « Sie taten es. Nach diesem gelungenen Attentat warf Hölz noch persönlich »sechs Handgranaten in das Haus des Leiters der Bürgerwehr«.
Um die Sicherheitspolizei aus Eisleben zu vertreiben und dann die Stadt zu erobern, sandte er zwei Unterhändler zum Rathaus. Max Hölz, vor dem alle zitterten, ließ übermitteln, falls der Bürgermeister die Polizei nicht augenblicklich dazu bringe, die Stadt zu verlassen, würde er sie an allen vier Ecken anzünden. Um der Drohung Nachdruck zu verleihen, steckte er ein Gebäude am Rande der Stadt in Brand. Darauf ging er, von einigen Mitkämpfern umgeben, nach Eisleben hinein. Im Vorbeigehen zerschlugen sie alle Schaufensterscheiben. Das taten sie, »damit die geängstigte Bourgeoisie nach der Polizei rufen« solle. »Aber«, so schreibt Hölz selbstkritisch, »ich hatte einen großen Fehler in meinem Plan gemacht, ich hatte den Mut der Polizei überschätzt. Die blieb hinter den schützenden Mauern« des Polizeireviers. Somit wurde aus der Eroberung von Eisleben nichts.
Das während der Überfälle gestohlene Geld führte Hölz in einer »Kriegskasse« bei sich, die später »von einem Genossen sicher nach Rußland gebracht wurde«.

Gegen Ende März 1921 kamen Max Hölz und seine »Armee« in heftige Bedrängnis. Vergeblich hatte er auf die Unterstützung von Seiten der kommunistischen Aufstandsleitung gehofft, vergeblich versuchte er, von den Aufständischen in den Leunawerken mit Munition versorgt zu werden ...

Die Hochburg der Kommunisten in Mitteldeutschland waren die riesigen Leunawerke. Nach dem Bericht in einer kommunistischen Zeitschrift fand am 21. März 1921 in den Leunawerken eine Versammlung statt, in der 12000 Arbeiter den Beschluß faßten, in den Kampf zu ziehen, um die Sicherheitspolizei zu entwaffnen. Am 22. März wurden unter die Arbeiter des Werkes Waffen verteilt. Mit der Bildung eines »Aktionsausschusses« errichteten die Kommunisten ihre Herrschaft über das Leunawerk. Es gelang einer verschwindenden kommunistischen Minderheit, die Mehrheit der Arbeiter, nämlich 22000 Mann, am Verlassen des Betriebes zu hindern. »Die Terroristen, die bewaffnet sind, haben ... nur die Arbeiter unter 18 und über 45 Jahren entlassen, die übrigen werden von ihnen gefangengehalten ...«, schrieb die »Freiheit« am 23. März 1921.
Dann proklamierten die Leunaer Kommunisten und ihre Anhänger den Generalstreik, um die Aufständischen, nämlich die Hölzsche »Rote Armee«, im Mansfelder Gebiet zu unterstützen. Eine Woche lang hielten sich die Kommunisten in Leuna. Als die Truppen der Sicherheitspolizei anrückten und das Werk umzingelten, suchten die politischen und militärischen Leiter der Aktion mit einem Teil der Waffen und unter Mitnahme eines großen Geldbetrages aus dem Direktionszimmer das Weite. Die eingeschlossenen Proleten überließen sie ihrem Schicksal. Bei der Einnahme des Werkes durch die

Sicherheitspolizei fanden 40 Arbeiter den Tod, tausend andere fielen in die Hände der Polizeitruppen.
Die marodierenden roten Garden von Max Hölz wurden am 1. April bei Besenstedt von der Sicherheitspolizei umzingelt und zusammengeschlagen. Hölz floh und versteckte sich in Berlin. – In den Kämpfen während der Märzaktion hatten Hunderte ihr Leben gelassen; nach ihrer Zerschlagung wurden 4000 Arbeiter in die Gefängnisse geworfen. Hölz fiel am 16. April in die Hände der Polizei und wurde bald vor Gericht gestellt. In seinen Verhören erklärte er, er habe nur bei »Besitzenden expropriiert«. Als ihm darauf der Staatsanwalt entgegnete, daß man das für gewöhnlich Diebstahl nenne, erwiderte Hölz in großer Pose: »Was sagen Sie da?! – Schluß!!« Von da ab gab er keine Antwort mehr. Sein Urteil lautete auf lebenslängliches Zuchthaus.
Jahrelang führten die Kommunisten einen Propagandafeldzug für seine Befreiung aus der Haft. Wie großer Sympathie sich dieser Rebell erfreute, beweist ein Vorfall, der sich im Berliner Großen Schauspielhaus Mitte der zwanziger Jahre ereignete. Es wurden »Die Weber« von Gerhard Hauptmann aufgeführt. In der Demonstrationszene nach der Verhaftung von Moritz Jäger, als die Weber mit der Forderung »Jäger raus!« über die Bühne ziehen, erhoben sich Tausende von Zuschauern auf den Rängen und im Parterre des riesigen Theaters und brachen in den Ruf aus: »Max Hölz raus! Max Hölz raus!«
Durch die Kampagne der Kommunisten wurde der Häftling Hölz allmählich zu einer Primadonna im Zuchthaus Sonnenburg und zur Sensation dieser Strafanstalt. Die Besucher strömten herbei, man überschüttete ihn mit Paketen und Briefen, so daß das örtliche Postamt kaum noch in der Lage war, seine Korrespondenz zu bewältigen. Nach siebenjähriger Haft wurde Hölz amnestiert.

Im Jahre 1928 erlebte ich auf dem Bülowplatz in Berlin die triumphale Begrüßung nach seiner Freilassung aus dem Zuchthaus und konnte mich nicht genug wundern, statt eines ausgemergelten, bleichen Häftlings einen schön braun gebrannten und vor Gesundheit strotzenden Hölz zu sehen. Ein Jahr lang benutzte ihn dann die KPD als Reklamefigur und ließ ihn auf Vortragsreisen von seinem Leben erzählen. Als er aber keine Sensation mehr darstellte und seine Zugkraft ebensoschnell nachließ, wie seine Selbstherrlichkeit wuchs, überredete man ihn, nach Moskau zu gehen, um die Gefahr seiner politischen Eigenmächtigkeiten ein für allemal zu bannen. Ende der zwanziger Jahre brauchte man in der KPD keine Rebellen mehr.

Dann hörte man lange nichts mehr von ihm. Er war anfangs in Sowjetrußland mit Orden dekoriert und gefeiert worden. Nach einem vergeblichen Versuch, ihm einen Lehrauftrag über die Taktik des bewaffneten Aufstands zu geben, überließ man ihn dem sowjetischen Alltag. Und von diesem Menschen mit dem Temperament eines Räuberhauptmanns verlangten nun die kommunistischen Bürokraten Disziplin. Er sollte sich einfügen in die reglementierte Unfreiheit. So wurde sein Leben zu einer fortgesetzten Kette von Zusammenstößen, an denen er aber nicht etwa zerbrach, sondern sich in eine immer stärkere Aggressivität und Überheblichkeit hineinsteigerte. Er fühlte sich berechtigt zu kämpfen, und er tat es, sowie sich ihm jemand entgegenstellte. Energisch forderte er seine Rückkehr nach Deutschland. Er wollte in seine Heimat, koste es, was es wolle. Nur weg von den Kommunisten, nur weg aus Sowjetrußland.

Aber der Weg zurück wurde ihm von den Genossen versperrt. Man riet ihm ab, verweigerte ihm den Paß und das Ausreisevisum und versuchte mit allen Mitteln zu verhindern, daß er sich mit der Deutschen Botschaft in Moskau in Verbindung setze. Eines Tages gelang es ihm aber doch, das Botschaftsgebäude zu erreichen und dort seine Wünsche vorzutragen. Nach der Rückkehr ins Hotel »Metropol«, wo er ein Zimmer bewohnte, mußte er wohl mit seiner Verhaftung durch das NKWD gerechnet haben, denn er verbarrikadierte seine Tür und beantwortete alle Bitten zu öffnen, mit der drohenden Erklärung, auf jeden Eindringling sofort zu schießen. Dann aber beruhigte er sich doch und ließ sich sogar dazu überreden, nach Gorki, dem früheren Nishni Nowgorod, zu fahren, um dort eine Arbeit anzutreten.

Als wir, Heinz Neumann und ich, im Jahre 1935 gerade in Moskau angekommen waren, besuchte uns Amo Vartanjan, der zu jener Zeit als politischer Sekretär einer Flugzeugfabrik in Gorki arbeitete. Er erzählte, man habe eines Tages im Herbst 1933 die Parteiorganisation von Gorki benachrichtigt, daß aus dem Fluß Oka eine männliche Leiche geborgen worden sei, die am Baugerüst eines Brückenpfeilers angeschwemmt war. Man identifizierte den Toten als Max Hölz und erklärte, er sei beim Baden ertrunken. Vartanjan hatte sofort das Gefühl, es könne bei diesem Unglücksfall nicht mit rechten Dingen zugegangen sein. Noch bevor Max Hölz mit allen Sowjetehren, unter Vorantragen seiner Orden, mit Musik und Trauerreden bestattet war, verbreitete sich schon das Gerücht, daß ihn Beamte der NKWD im Fluß ersäuft hätten wie einen räudigen Hund.

Die kleinen, ebenerdigen Häuser rechts und links der breiten, langen, schnurgeraden Straße gleichen einander zum Verwechseln. Fades Licht liegt über dem Ganzen, ein Halbdunkel wie bei Sonnenfinsternis; kein Mensch ist zu sehen. Da kommt um die Ecke eines Hauses eine Frau in langem, gestreiftem Häftlingskleid und weißem Kopftuch. Langsam entfernt sie sich auf der leicht abschüssigen Lagerstraße. Ich will rufen, schreien, will zu ihr hin, will sie berühren . . . aber ich bin wie gelähmt. Wenn sie doch nur den Kopf wenden würde und ich ihr Gesicht sähe. In letzter Verzweiflung ist die Stimme wieder da. Ich rufe »Milena!« Plötzlich kann ich mich bewegen und renne, um sie zu erreichen. Sie verschwindet in einem Haus. Aber in welchem? Eines ist wie das andere. Ich stürze von einer Tür zur anderen, bearbeite sie mit den Fäusten und flehe »Milena!« Doch alle Türen bleiben verschlossen . . .

Milena und ich waren im KZ Ravensbrück eng befreundet. Das erstemal sahen wir uns im Oktober 1940. Auf dem schmalen Weg zwischen der Barackenrückseite und der hohen Lagermauer mit dem starkstromgeladenen Stacheldraht kam sie mir entgegen. Sie war hochgewachsen, auf breiten Schultern saß ein zierlicher Kopf. Das Gesicht war von schwerem Leiden gezeichnet.
Sie trug ein langes, schlotterndes Häftlingskleid und viel zu große Schuhe. Unter dem vorschriftsmäßigen Kopftuch drängten sich über der Stirn kleine Locken hervor. Als ihre Hand in der meinen lag, sagte sie leicht ironisch: »Bitte, nicht so drücken und schütteln,

wie ihr Deutschen das zu tun pflegt. Meine Finger sind krank ...«

Milena war meines eigenen Schicksals wegen zu mir gekommen. Als politische Journalistin interessierte sie sich für den Lebensweg einer ehemaligen Kommunistin, die man in Sowjetrußland verhaftet, verurteilt und später an die Gestapo ausgeliefert hatte. Schon die ersten Fragen, die sie stellte, verrieten mir etwas über ihre beruflichen Fähigkeiten. Ich habe weder vorher noch nachher einen Journalisten getroffen, der die heikle Kunst des Befragens so vollkommen beherrscht hätte wie sie.

Milena kam im Jahre 1896 in Prag zur Welt und war das einzige Kind einer wohlhabenden tschechischen Bürgerfamilie. Während die kleine Milena, die ein sehr schwieriges Kind war, bei ihrer Mutter stets Zuflucht fand, war das Verhältnis zum Vater schon in der Kindheit voller Spannungen. Alle frühen, tiefgehenden und unausrottbaren Schmerzen hingen mit dem Vater zusammen, den Milena ebensotief liebte wie haßte. Dr. Jan Jesensky war ein angesehener Bürger und tschechischer Nationalist. Er lehrte als Professor für Kieferchirurgie an der Prager Karls-Universität und wurde durch seine zahnärztliche Praxis ein reicher Mann.

Jan Jesensky war ein Choleriker, der häufig von Wutanfällen heimgesucht wurde. Er wandte jedes auch noch so tyrannische Mittel an, um Milenas Willen zu brechen. Doch sie war aus dem gleichen harten Holz geschnitzt wie er.

Als sie 13 Jahre alt war, starb die Mutter. Von da ab begann Milena, man könnte fast sagen, ein eigenes Leben zu führen. Vor allem versuchte sie, dem Diktat des Vaters zu entgehen.

Nach ihrer Meinung, so erzählte sie mir, war sie damals

ein unerträglich exaltierter Backfisch, der sich die tollsten Eskapaden erlaubte. So mietete sie zum Beispiel eines Abends in einem drittrangigen Hotel Prags ein Zimmer und verbrachte dort mutterseelenallein die Nacht. Dabei schwelgte sie nicht nur im Hochgefühl, nun erwachsen zu sein, sondern hoffte auch hinter die Geheimnisse zu kommen, die solche anrüchigen Absteigequartiere umgaben. Aber es blieb nicht bei *einem* nächtlichen Ausflug. Der Friedhof übte eine magische Anziehungskraft auf sie aus. Im Anblick der Gräber saß sie nachts auf der Friedhofsmauer und überließ sich tränenvollem Weltschmerz. – Es kam natürlich zu wilden Auftritten, wenn der Vater hinter ihre Extravaganzen kam. Doch dabei ahnte er nicht einmal, was sie sonst noch alles trieb, denn er ging seinen eigenen Vergnügungen nach, und niemand kontrollierte, ob Milena abends zu Hause blieb. Sie kam in höchst merkwürdige Gesellschaft, und irgendein Atelierbesuch versetzte ihr dann einen tiefen, nachhaltigen Schock. Als sie mir in Ravensbrück davon erzählte, faßte sie ihre Anklage gegen den Vater, aber wohl auch gegen sich selbst, in folgende Worte zusammen: »Da setzt man verantwortungslos Kinder in die Welt, nimmt sich kaum die Mühe, sie kennenzulernen, und wirft sie dann ins Leben: So, nun werde mit dir selber fertig!«

Milena besuchte das Prager Mädchengymnasium »Minerva«. Schon als Sechzehnjährige bildete sie dort eine Art Mittelpunkt. Viele Mädchen schwärmten für sie und ahmten sie in allem nach. Sie bewegten sich ebenso schwebend wie Milena, sprachen im gleichen Tonfall wie ihr Vorbild und lasen die gleichen Bücher, die sie gerade verschlang. Mit der um zwei Jahre jüngeren Staša schloß Milena eine enge Freundschaft. Dieses Paar nannte man die »siamesischen Zwillinge«. Die beiden Mädchen taten alles, um die Prager Bürger zu schockieren. Nach der Lektüre von Oskar Wilde gaben sie sich möglichst dekadent. Sie kleideten sich in ihrem höchst persönlichen Stil. Sicher als Folge der Lektüre weiterer zeitgenössischer Literatur pochten sie auf das Recht jedes Menschen, mit seinem Körper Experimente anstellen zu können. Sie probierten die Wirkung aller möglichen Medikamente an sich selbst aus, Medikamente, die Milena aus dem Sprechzimmer des Vaters stahl. Schließlich kamen sie auch auf Kokain. Als die Erwachsenen davon erfuhren, war das Entsetzen groß.

Nach dem Abitur verlangte der Vater, Milena solle Medizin studieren. Aber sie hatte kein Interesse daran, und deshalb währte das Studium nur kurze Zeit. Nun war es damals für Mädchen aus bürgerlichen Kreisen gar nicht üblich, einen Beruf zu erlernen, und so hielt auch Milena es für ganz selbstverständlich, vom Gelde des Vaters zu leben, oder richtiger gesagt, das Geld des Vaters mit vollen Händen rauszuwerfen. Nur tat sie das nicht für *sich*. Sie hatte gar kein Bedürfnis nach Luxus. Sie machte Geschenke. Sie gab überall da, wo es nötig gebraucht wurde oder wo es Freude machte. Ein Überschwang an echtem Gefühl für die Mitmenschen war das, was Milena vor allem auszeichnete.

Milena gehörte zu den Menschen, die sich hemmungslos vergeuden. Aber damals war sie in ihrem jugendlichen Aufbegehren keineswegs eine Einzelgängerin. Andere aus dem Gymnasium »Minerva« taten es ihr gleich. Diese Mädchen wirbelten durch das sittlich entrüstete, provinzlerische Prag, bereit zu allen Tollheiten. Der Schriftsteller Josef Kodiček erinnert sich an eine Begegnung mit Milena in jenen Jahren und erzählte: »So, als sei es heute, sehe ich noch jetzt eine sonnige Szene vor mir. Es ist Sonntag, kurz vor der Mittagszeit auf dem Graben in Prag . . . Ich sehe elegant gekleidete Deutsche, sehe Studenten promenieren, österreichische Offiziere, man grüßt, man lächelt, man gibt sich Rendezvous . . . Aus dem Menschengewoge ragt die Gestalt des Grafen Thun heraus, des zwei Meter langen Statthalters von Prag. Er ist dünn wie ein Storch und der eleganteste Mann, den es damals auf dem Kontinent gab . . . Er beobachtet das ganze Hin- und Hergeflute durch sein schwarzgerändertes Monokel. – Eben gehen zwei Mädchen, die sich untergefaßt haben, an ihm vorbei. Beide sind geradezu sensationelle Erscheinungen! Es sind die ersten Prager Mädchen, die bewußt knabenhaft aufgemacht sind. Ihr Stil ist vollkommen. Sie tragen die Haare nach dem Vorbild der englischen Präraffaeliten, sie sind schlank wie Gerten, und ihre Gesichter und Gestalten haben überhaupt nichts Kleinbürgerliches an sich. Es sind die ersten tschechischen Mädchen der Vorkriegsgeneration, die den Verkehr mit der jungen Generation der deutschen Literaten angeknüpft haben. Beide sind wirkliche Europäerinnen! – Und Graf Thun wendet sich nach ihnen um, blickt ihnen nach, und durch das Publikum geht eine Welle von Begeisterung und Neugierde. Dann erscheinen Willy Haas, Rudolf Fuchs, Kornfeld und noch einige andere Literaten aus dem Kreis um Franz Werfel und stellen uns die beiden Mädchen vor: ›Milena und Fräulein Staša!‹ Es ist kein Zweifel: Milena ist die Tonangebende der beiden. – Man erzählt sich tolle Geschichten von ihr: Milena verschwende das Geld wie eine Wilde; Milena habe, um rechtzeitig zu einem Rendezvous zu kommen, in Kleidern die Moldau überschwommen; Milena wurde um 5 Uhr früh im Stadtpark verhaftet, weil sie ›städtische‹ Magnolien gepflückt hatte, die ihr Freund so liebt. Milena kennt in ihren Ansprüchen und Geschenken keine Grenzen. In Milena fließt das Leben über, sie brennt wie eine Kerze, die man an beiden Enden anzündet ... Einige Jahre *nach* dieser Begegnung ist Milena der magnetische Pol einer ganzen literarischen Generation von Tschechen und Deutschen ...« Soweit Kodiček.

Der Name »Milena« bedeutet auf deutsch »Liebende« oder »Geliebte«. Und als wäre es ihr vorausbestimmt gewesen, sollten Liebe und Freundschaft Milenas ganzes Leben beherrschen. Einmal saß sie in einem Konzertsaal auf den Treppenstufen des ersten Ranges, ganz vertieft in die Partitur. Da blickte ihr jemand über die Schulter und las mit. So lernte sie Ernst Polak kennen. In dieser Liebe sollte Milena sowohl höchstes Glück als tiefstes Leid durchleben. – In einem Brief an seinen Freund Max Brod schreibt Franz Kafka: »... Milena ist ein lebendiges Feuer, wie ich es noch nie gesehen habe, ein Feuer übrigens, das trotz allem nur für ihn brennt (Kafka meint Ernst Polak, d. Verf.). Dabei ist sie äußerst zart, mutig, klug, und alles wirft sie in das Opfer hinein oder hat es, wenn man will, durch das Opfer erworben. Was für ein Mann allerdings auch er, der das erregen konnte.«

Polak war der Mentor vieler Schriftsteller, sowohl in Prag als später in Wien. Er war ein kritischer Geist, hochgebildet, mit sicherem Stilgefühl begabt, aber selbst unschöpferisch.

Als Milenas Vater, der nicht nur ein tschechischer Nationalist, sondern auch ein Antisemit war, von der Liebesbeziehung seiner Tochter zu Ernst Polak erfuhr, tobte er und untersagte ihr jeden weiteren Kontakt mit dem Juden. Doch Milena kümmerte sich nicht um das Verbot des Vaters. Schließlich brach Jan Jesenský jede Beziehung zu seiner Tochter ab. Milena heiratete Ernst Polak und ging mit ihm nach Wien.

Der Aufenthalt in Wien wurde für sie bald zu einem Märtyrium. Polak war ein Frauenheld. In seinem Stammcafé, dem »Herrenhof«, umgab ihn stets ein ganzer Schwarm von Anbeterinnen. Milena geriet in wilde Eifersucht und verlor mehr und mehr ihr weibliches Selbstbewußtsein. Sie merkte, daß ihr alles das fehlte, was die Wiener Frauen und Mädchen auszeichnete, die Leichtlebigkeit, der Liebreiz und die charmante Koketterie. Milena war schön, doch von einer abstandsgebietenden Schönheit. Milena wirkte selbständig und überlegen, nichts an ihr forderte zum Beschützen oder zum Verwöhnen heraus. Und eben gerade das ersehnte sie so sehr.

An jene Zeit erinnert sich der Schriftsteller Willy Haas und erzählt von ihr: »Wenn irgendein Freund Milena gegenüber einen Wunsch äußerte und wenn sie spürte, dieser Wunsch beherrsche ihn ganz, so gab es für sie kein Zögern: Das heiß Begehrte mußte beschafft werden. Es gehörte zu Milenas Eigenart, sich derart intensiv in die Gefühle eines anderen Menschen zu versetzen, daß dessen heftiger Wunsch sie zu unmittelbarem Handeln trieb . . . Als Freund war sie unerschöpflich, unerschöpflich an Güte, unerschöpflich an Hilfsmitteln, von denen es oft rätselhaft blieb, woher sie kamen, unerschöpflich aber auch in ihren *Ansprüchen* an Freunde, was sowohl ihr als auch ihren Freunden nur selbstverständlich war . . . In die erotische und intellektuelle Promiskuität eines Wiener Literatenkaffeehauses in den wilden Jahren nach 1918 paßte sie schlecht hinein und litt darunter. . . «

Milena versuchte in diesen schlimmen Wiener Jahren auf alle mögliche Weise selbständig zu werden, vor allem wollte sie, die keinen Beruf erlernt hatte, Geld für den Haushalt verdienen, da ihr Mann in Wien studierte. Sie gab tschechischen Sprachunterricht und stellte sich zeitweise sogar an den Wiener Hauptbahnhof, um Koffer zu tragen. Solche Arbeiten warfen sie nicht im geringsten aus dem Gleichgewicht, aber die Qualen der Eifersucht, der Schmerz, daß der Vater sie verstoßen hatte, brachten sie in völlige Verzweiflung. Einmal schrieb sie eine kleine Geschichte über Wien und schickte sie an die Redaktion einer Prager Zeitung. Sie wurde gedruckt. Milena war sehr stolz und zu weiterem Schreiben ermuntert. Gerade in jener Zeit, es war das Jahr 1920, fielen ihr die ersten Novellen Franz Kafkas in die Hände. Sie las den »Prozeß« und die »Verwandlung«, und die Kafkasche Prosa zog sie in ihren Bann. Ohne lange zu überlegen, übertrug Milena die beiden Novellen aus dem Deutschen ins Tschechische und wurde so, ohne es zu ahnen, zur ersten Übersetzerin der Werke Kafkas. Das Manuskript sandte sie an Kafkas Verlag und erhielt darauf eine Antwort vom Dichter selbst. Franz Kafka befand sich damals gerade in Meran zu einer Kur, weil die Ärzte ein beginnendes Lungenleiden festgestellt hatten. In seinem ersten Brief muß Kafka, der Tschechisch konnte, Milenas Übersetzung an einigen Stellen kritisiert haben, worauf Milena, ohne lange zu überlegen, nach Meran fuhr, um mit dem Dichter selbst zu sprechen.

In Meran begann dann die enge Beziehung zwischen Kafka und Milena, von deren Leidenschaftlichkeit und tragischer Verstrickung die erhalten gebliebenen Liebesbriefe Kafkas zeugen. Diese Briefe verraten nicht nur vieles Unbekannte über den Dichter, sie verraten auch manches von Milena.

Den Liebenden wurden nur vier glückliche Tage geschenkt. »Damals, als wir uns das erste Mal sahen, blühten in Wien die Kastanien«, erzählte mir Milena. Doch schon bei dieser ersten Begegnung dürften die ersten

Schatten auf ihre Liebe gefallen sein. Wäre Milena nur ein »Weibchen« gewesen, wie sie später in einem Brief an Max Brod behauptet, hätte das Wiener Erlebnis wahrscheinlich das Ende der Liebe bedeutet. Aber Milena war Franz Kafka nicht nur in körperlicher Liebe, sondern noch auf andere Weise tief verbunden und verwandt. »Die schönsten Briefe unter den Deinigen«, schrieb ihr Kafka, »(und das ist viel gesagt, denn sie sind ja im ganzen, fast in jeder Zeile, das Schönste, was mir in meinem Leben geschehen ist), (die schönsten) sind die, in denen Du meiner ›Angst‹ recht gibst und gleichzeitig zu erklären suchst, daß ich sie nicht haben muß. Denn auch ich, mag ich auch manchmal aussehen wie ein bestochener Verteidiger meiner ›Angst‹, gebe ihr im tiefsten wahrscheinlich recht, ja, ich bestehe aus ihr, und sie ist vielleicht mein Bestes. Und da sie mein Bestes ist, ist sie auch vielleicht *das* allein, was Du liebst. Denn was wäre sonst großes Liebenswertes an mir zu finden ... Und wenn Du einmal fragtest, wie ich den Samstag ›gut‹ habe nennen können mit der Angst im Herzen, so ist das nicht schwer erklärt. Da ich Dich liebe (und ich liebe Dich also, Du Begriffsstutzige, so wie das Meer einen winzigen Kieselstein auf seinem Grunde lieb hat, genauso überschwemmt Dich mein Liebhaben — und bei Dir sei ich wieder Kieselstein, wenn es die Himmel zulassen). Da ich Dich liebe, liebe ich die ganze Welt ...«

In Milena gab es sehr viel Widerspruchsvolles. Weibliche Zartheit neben männlicher Entschlußkraft. Sie war keusch und draufgängerisch zu gleicher Zeit. Sie überschüttete den Geliebten mit Briefen und Telegrammen und bat um sein Kommen. Aber Kafka zögerte. Doch dann trafen sich die Liebenden ein zweites Mal, und zwar in Gmünd an der tschechisch-österreichischen Grenze. Auch Gmünd sollte sie nicht erlösen. Ihrer Liebe blieb die körperliche Erfüllung versagt. Sicher wußte Milena sehr bald um die Zukunftslosigkeit ihrer Liebe zu Kafka. Aber wer würde liebend nicht immer von neuem hoffen?

Schließlich endete die Beziehung – die lange nur noch eine Briefliebe gewesen war – auf Wunsch Kafkas. Er litt unter der lebensstarken Milena. In jener Zeit schrieb Milena mehrere Briefe an Max Brod. Sie sind beispielhaft für ihre Hellsichtigkeit und ihr klares Urteil über den Geliebten. Wie sehr Milena den Dichter bis zu seinem Ende verehrt hat, bezeugt der ebenso ergreifende wie wahre Nachruf, den Milena ihm nach seinem Tode im Jahre 1924 in der Zeitung »Narodni Listy« widmete. Dort heißt es: »Vorgestern starb im Sanatorium Kierling in Klosterneuburg bei Wien Dr. Franz Kafka, ein deutscher Schriftsteller, der in Prag gelebt hat. Es kannten ihn hier nur wenige, denn er war ein Einsiedler, ein wissender, vom Leben erschreckter Mensch. Er litt jahrelang an einer Lungenkrankheit, und obwohl er sie behandeln ließ, hat er sie doch auch bewußt gehegt und geistig gefördert. ›Wenn die Seele und das Herz die Bürde nicht mehr ertragen, dann nimmt die Lunge die Hälfte auf sich, damit die Last wenigstens einigermaßen gleichmäßig verteilt ist‹, schrieb er einmal in einem Brief, und so verhielt es sich auch mit *seiner* Krankheit. Sie verlieh ihm ein ans Wunderbare grenzendes Feingefühl und eine geistige Lauterkeit, die bis zum Grauenerregen kompromißlos war; und umgekehrt war er es, der Mensch, der seiner Krankheit die ganze Last seiner geistigen Lebensangst auflud. Er war scheu, ängstlich, sanft und gut, aber die Bücher, die er schrieb, waren grausam und schmerzhaft. Er sah die Welt voll von unsichtbaren Dämonen, die den schutzlosen Menschen bekämpfen und vernichten. Er war klarsichtig, zu weise, um leben zu können, und zu schwach, um zu kämpfen, aber das war die Schwachheit der edlen, schönen Menschen, die zum Kampf gegen die Angst, gegen Mißverständnisse, Lieblosigkeit und geistig Unwahres nicht fähig sind, die von vornherein um ihre Ohnmacht wissen, sich unterwerfen und so den Sieger beschämen. Er verfügte über eine Menschenkenntnis, wie sie nur den einsam Lebenden gegeben ist, deren hochgradig empfindliche Nerven schon am bloßen Mienenspiel den ganzen Menschen hellseherisch erfassen. Seine Kenntnis der Welt war außergewöhnlich und tief. Er selbst war eine außergewöhnliche und tiefe Welt ... Er war ein Mensch und Künstler von so skrupulösem Gewissen, daß er auch dort noch wachsam blieb, wo die anderen, die Tauben, sich bereits sicher fühlten.«

Die volle Entfaltung von Milenas Persönlichkeit fällt in die Jahre *nach* Kafkas Tod. Nachdem sie sich 1924 von ihrem Mann Ernst Polak getrennt hatte, kehrte sie 1925 nach Prag zurück. Ihre journalistische Karriere hatte als sogenannte »Modekorrespondentin aus Wien« begonnen. Im Jahre 1925 avancierte sie zur Mitarbeiterin an der bedeutendsten konservativen Zeitung Prags, der »Narodni Listy«. Wieder in ihrer Heimat, erlebte Milena nicht nur einen beruflichen Aufschwung. Sie befreite sich von ihrer Depression und genoß das Dasein in vollen Zügen. In ihrem Prager Stammcafé saß sie täglich zusammen mit Schriftstellern und Journalisten, mit der tschechischen, der jüdischen und der deutschen Intelligenz.

Im Jahre 1927 heiratete Milena den Architekten Jaromir Krejcar, und es schien die glücklichste Epoche ihres Lebens anzubrechen. Nach der Geburt einer Tochter wurde sie jedoch schwer krank. Als sie nach langem Leiden wieder am Leben teilnehmen konnte, war sie zum Krüppel geworden; ein Knie blieb steif und deformiert, und außerdem war sie morphiumsüchtig geworden. Die Ehe mit Jaromir Krejcar zerbrach. In dieser tiefen persönlichen Krise suchte sie nach einem Ausweg. Sie wurde Kommunistin. Doch nach verhältnismäßig kurzer Zeit durchschaute sie die Trübheit und Unmenschlichkeit der kommunistischen Politik und ließ sich Ende 1936 aus der Partei ausschließen.

Erst 1937 hatte sie die Kraft zu einem neuen Aufschwung. Als Mitarbeiterin der liberal-demokratischen Monatsschrift »Přitomnost« entwickelte sie sich zu einer bemerkenwerten *politischen* Journalistin. Sie erkannte die Bedrohung der Freiheit, ganz gleich, von welcher Seite sie kam, und hatte den Mut, mit gleichem Nachdruck die nationalsozialistische ebenso wie die sowjetrussische Diktatur zu verurteilen. Die Unabhängigkeit des Denkens dürfte Milena ererbt haben, denn noch heute bekundet eine Gedenktafel am Altstädter Rathaus in Prag, auf der die Namen der Märtyrer des tschechischen Volkes eingegraben sind, daß Milenas Vorfahre, Jan Jesenius, im Jahre 1621 hingerichtet worden ist. Jesenius, Rektor der Prager Universität, verteidigte unerschrocken die Arbeit der Wissenschaften und die Arbeit des Gewissens. Nach der Schlacht am Weißen Berg wurde Jesenius verhaftet und zum Tode verurteilt.

Nach dem Einmarsch Hitlers in Prag setzte sie sich in Zeitungsartikeln, die sich durch illusionslose Klarheit und persönlichen Mut auszeichneten, mit der nun entstandenen Lage auseinander. Sofort stellte sie sich einer Bewegung zur Verfügung, die bedrohte Juden und Offiziere der tschechischen Armee über die Grenze in Sicherheit brachte. Aus der mutigen Journalistin wurde eine aktive Widerstandskämpferin.

Milenas Wohnung wurde mehr und mehr zum geheimen Treffpunkt und zum Unterschlupf für viele, die über die Grenze gebracht werden sollten. Zeitweise waren mehr als 10 Menschen auf einmal bei ihr untergebracht, unter denen, begreiflicherweise, eine gereizte Nervosität herrschte. Einer ihrer damaligen Mitarbeiter in der Widerstandsorganisation, Graf Joachim von Zedwitz, ein Deutscher aus Böhmen, gab mir folgende Schilderung: »Milena, die immer ein blaues Kleid trug und jeden Neuankommenden mit einladender, großzügiger Geste ins Zimmer bat, beruhigte uns alle. Sie wirkte einfach dadurch, daß sie da war. In ihrer Gegenwart wurden die Menschen nicht nur ruhiger, sie wurden auch irgendwie besser, sie wurden angeregt und von ihr mitgerissen.«
Im Juni 1939 erhielt Milena Schreibverbot. Im August wurde die Zeitschrift »Přitomnost« eingestellt. Ende September 1939 erfolgte Milenas Verhaftung durch die Gestapo. Ihr Leidensweg begann im Prager Gefängnis Pancrac. Dann brachte man sie ins Dresdener Untersuchungsgefängnis und im September 1940 ins Konzentrationslager Ravensbrück.
Als Milena nach Ravensbrück kam, war sie noch ungebrochen, mutig und voller Initiative. Und doch empfand ich schon vom ersten Tage an eine dumpfe Angst, wenn ich in ihr leidendes Gesicht sah. Sie war krank aus dem Untersuchungsgefängnis Dresden gekommen! Sie glaubte, es sei Rheumatismus. Ihre Hände waren geschwollen, sie hatte immer Schmerzen, sie fror in den Lagerlumpen beim stundenlangen Zählappell, sie konnte sich nachts unter der dünnen Decke nicht erwärmen. Aber sie verstand es immer wieder, meine Sorgen zu zerstreuen. Schon in den ersten Wochen unserer Bekanntschaft planten wir ein gemeinsames Werk, das wir schreiben wollten, wenn wir je wieder in die Freiheit kämen. Aber

schon jetzt wollten wir es vorbereiten. Es sollte von den Konzentrationslagern beider Diktaturen handeln, von den Zählappellen, den marschierenden, uniformierten Kolonnen und der Entwürdigung von Millionen Menschen zu Sklaven – in der kommunistischen Diktatur im Namen des Sozialismus, in der anderen zum Wohl und Gedeihen der Herrenmenschen.
Unsere Freundschaft dauerte noch keine 14 Tage, als die Kommunistinnen unter den tschechischen Häftlingen Milena zu einer Unterredung baten und sie fragten, ob sie eigentlich wisse, daß ich eine Verräterin sei und infame Lügen über Sowjetrußland verbreite. Milena gab ihnen eine geharnischte Antwort, worauf man sie aus der tschechischen Gemeinschaft des Lagers ausschloß, d. h. soweit diese Gemeinschaft kommunistisch war. Als Hitler 1941 Sowjetrußland angriff, verbreiteten die kommunistischen Häftlinge im Lager, daß die ersten, die nach der Befreiung durch die Rote Armee an die Wand gestellt würden, Milena Jesenská und Buber-Neumann seien.
Unsere gemeinsame Freundin Lotte, eine deutsche Politische, hatte bereits vier Jahre Zuchthaus hinter sich und war bei sehr schlechter Gesundheit. Milena wußte durch ihre Arbeit im Krankenrevier, daß tuberkulosekranke Häftlinge aus dem Lager entlassen wurden. Im Winter 1941/42 kam ihr ein gewagter Gedanke. Sie wollte versuchen, Lotte zur Entlassung aus dem Lager zu verhelfen. Mit deren Einverständnis verschaffte sie sich einen gefälschten positiven Sputumbefund und veranlaßte Lottes Einlieferung in die TB-Station des Krankenreviers. Der Entlassungsantrag wurde vom SS-Arzt Dr. Sonntag ordnungsgemäß gestellt, und wir warteten voller Spannung auf den Erfolg, sahen Lotte schon glücklich in der Freiheit. – Noch ahnten wir nicht, was in den ersten Monaten des Jahres 1942 geschehen würde, wußten

nichts von den nationalsozialistischen Vernichtungsplänen. Da kam der Befehl, die Namen aller von Geburt Verkrüppelten, aller Epileptikerinnen, Bettnässer, an Asthma und Lungenkrankheit Leidenden sowie aller Geisteskranken auf Listen zu schreiben. Zugleich gab die SS die beruhigende Erklärung ab, diese Häftlinge würden in ein Lager mit leichter Arbeit gebracht. Dann standen eines Tages zwei Lastautos bereit, um die ersten zu holen. Am Abend dieses Tages berichtete mir Milena voller Entsetzen, wie man die Schwerkranken auf die Strohschütten in den Lastwagen gekippt habe. Von diesem Augenblick an gab es für sie keinen Zweifel mehr über das Ziel dieser Transporte. Die Bestätigung kam mit der Rückkehr der gleichen Lastautos, von denen man einen Berg Häftlingskleider ablud mit den Gefangenennummern der Wegtransportierten. Und zwischen den Kleidern lagen Zahngebisse, Brillen, Krückstöcke und Kämme. Nun hatten wir die Gewißheit. Es ging in den Tod. Und in der TB-Station saß unsere Freundin Lotte. Milena bestürmte den SS-Arzt, er solle Lotte aus der TB-Station entlassen, denn sie sei erstaunlicherweise ausgeheilt. Nur der Tatsache, daß Lotte im Krankenrevier gearbeitet hatte und der SS-Arzt sie kannte, ist es zu verdanken, daß man ihren Namen nicht auf eine Vernichtungsliste setzte, sondern sie aus der TB-Station entließ.

Ab 1942 riß das Grauen in Ravensbrück nicht mehr ab. Man begann, Schwerkranke durch Injektionen zu töten, polnische Frauen und Mädchen standrechtlich zu erschießen sowie Versuchsoperationen vorzunehmen. Eine Gaskammer bekam Ravensbrück allerdings erst im Winter 1944/45.

Milena gehörte zu den wenigen in Ravensbrück, die

nicht gleichgültig werden konnten und nicht abstumpften. Sie sah das Furchtbare um sich und verzweifelte inmitten Zehntausender leidender Menschen, weil es keine Möglichkeit gab, wirklich zu helfen.
Oft dachte Milena mit Schaudern an das Ende des Krieges. Sie behauptete immer wieder – was selbst ich ihr nicht glauben wollte –, daß man ihre Heimat, die Tschechoslowakei, dem Sieger Stalin ausliefern würde. »Wie fliehen wir nur vor den Russen?!« war oft ihre bange Frage.

Ohne Milenas Hilfe wäre ich wahrscheinlich 1943 in Ravensbrück zugrunde gegangen. Ich kann nur kurz auf die Vorgeschichte eingehen, die zu meiner Verhaftung im Lager führte. Im Oktober 1942 wurde ich Sekretärin der SS-Oberaufseherin Langefeld. Häftlinge arbeiteten in allen Büros. Während meiner dortigen Tätigkeit konnte ich die SS-Oberaufseherin, die ein verwirrter, zerquälter und unsicherer Mensch war, sowohl politisch wie menschlich beeinflussen. Alles, was sich schließlich daraus ergab, führte sowohl für sie als auch für mich zu einem schlimmen Ende.
Eines Tages machte Milena im Krankenrevier eine grausige Feststellung. Sie entdeckte in den Leichenkisten Tote mit seltsamen Merkmalen, mit vielen Injektionsnadelstichen an den Armen und mit zerschlagenen Gesichtern. Und allen diesen Toten fehlten Zähne. Milena und einige andere Revierarbeiterinnen kamen schließlich hinter das schaurige Geheimnis. Der SS-Arzt Dr. Rosenthal, ein Balte, hielt sich jede Nacht im Lager auf. Er hatte ein Liebesverhältnis mit dem Anweisungshäftling des Krankenreviers, einer deutschen Politischen. Tagsüber suchte diese solche Kranken aus, die Goldkronen oder Goldprothesen hatten und legte sie in

einen besonderen Raum. Nachts holte man sie dann von dort und ermordete sie. Rosenthal verschaffte sich auf diese Weise eine Nebeneinnahme mit dem Gold der Zähne.

Milena hielt es für unbedingt notwendig, daß ich der Oberaufseherin Langefeld von dieser schrecklichen Entdeckung erzähle, vielleicht könnte sie dann weiteres Morden verhindern. Ich tat es. Die Langefeld reagierte auf die Mitteilung mit einer Art hysterischem Anfall. Sie schrie immer den gleichen Satz: »Diese SS-Ärzte sind die gleichen Verbrecher wie der Lagerkommandant und der Schutzhaftlagerführer!« Als sie sich schließlich beruhigte, fragte ich sie, ob das *wirklich* ihre Meinung sei. Und sie bestätigte es noch einmal. Ich konnte es nicht fassen und wollte wissen, weshalb sie denn dann als SS-Oberaufseherin in Ravensbrück arbeite; dann sollte sie doch lieber fortgehen. Und ihre Antwort: »Aber was wird denn dann aus den Häftlingen, wenn ich hier fortgehe und eine von diesen Bestien an meine Stelle kommt?! Ist es denn nicht wichtig, daß ich hierbleibe und wenigstens versuche, das Schlimmste zu verhindern?«

Es gab noch eine Reihe anderer Ereignisse, bei denen die Langefeld versuchte, im Interesse der Häftlinge einzugreifen. Als Folge davon wurden sie und ich im April 1943 verhaftet.

An dem Tag, als es geschah, saß ich allein im Büro und sah plötzlich Milena über den Lagerplatz auf die Schreibstubenbaracke zukommen. Es war während der Arbeitszeit und deshalb gefährlich. Ich rannte hinaus an die Tür der Baracke und beschwor Milena, so schnell wie möglich wieder zurückzugehen. Sie aber rührte sich nicht vom Fleck und fragte erregt: »Ist dir etwas geschehen?! Mir ist so schrecklich bange um dich . . .« In diesem Augenblick kam um die Ecke des Lagerplatzes Ramdor, der Gestapomann von Ravensbrück. Ich hatte nur einen Gedanken: Um Gottes willen, was wird jetzt mit Milena geschehen. Doch Ramdor sah sie gar nicht. Sein Kommen galt *mir*. Er verhaftete mich und führte mich ins Lagergefängnis. Dort saß ich im ganzen mit einer kurzen Unterbrechung 15 Wochen in Dunkelarrest. Ramdor wollte mich zu Aussagen erpressen über meine politischen Gespräche mit der Oberaufseherin Langefeld. Ich schwieg.

Doch ich möchte weiter von Milena erzählen, von dem, was sie damals für mich tat. Nach der Verhaftung wartete sie drei Wochen vergeblich auf meine Rückkehr. Von Tag zu Tag wuchs ihre Angst, man werde mich im Lagergefängnis sterben lassen. Da faßte sie einen heldenhaften Entschluß. Sie meldete sich zu einer Unterredung beim Gestapomann Ramdor. Sie wurde in sein Büro geführt. Mit dem Satz »Ich möchte mit Ihnen über meine Freundin Grete Buber sprechen. Sie ist im Bunker«, begann sie. Jeder andere Häftling hätte diesen Satz schwerlich vollenden können, ohne von Ramdor zumindest eine Ohrfeige zu bekommen. Doch der Gestapomann muß sofort der Suggestionskraft Milenas erlegen sein. Er blickte erstaunt auf die vor ihm Stehende, schwieg, und ließ sie weiterreden. Milena sagte: »Wenn Sie mir versprechen, daß Grete Buber lebend aus dem Bunker kommt – das liegt doch in Ihrer Hand –, kann ich Ihnen einen großen Dienst erweisen.« Ramdor murmelte etwas wie: »Was soll denn das überhaupt heißen?!« Und Milena fuhr fort: »Im Lager passieren empörende Dinge. Wenn da nicht in kurzer Zeit eingegriffen wird, so ist es um Ihre *Karriere* geschehen?« Das war zuviel. Das Gesicht Ramdors lief rot an und er brüllte: »Sie nehmen sich ja allerhand heraus! Was denken Sie sich eigent-

lich?!« – Milena lenkte ein: »Verzeihung, Herr Ramdor. Sie mißverstehen mich. Ich kam nur, um Ihnen einen Dienst zu erweisen. Daß ich dabei um eine Gunst bitte, steht auf einem anderen Blatt. Wenn Sie an meiner Mitteilung nicht interessiert sind, so bitte ich um Entschuldigung. Lassen Sie mich ins Lager zurückführen.«
Es grenzt an ein Wunder, daß Milena nicht sofort im Lagergefängnis verschwand. Sie brachte es schließlich fertig und zwang Ramdor, ihr den kleinen Finger zu reichen ... er stellte nämlich die erste interessierte Frage: »Was für Schweinereien sind denn da passiert?«, und Milena ließ ihn zappeln, indem sie um die Sache herumredete: »Es sind Häftlinge und SS-Leute gleichermaßen darin verstrickt. Bevor ich Ihnen jedoch Einzelheiten mitteile, muß ich wissen, ob Sie bereit sind, meine Bitte zu erfüllen?« – Da war es um Ramdors Fassung geschehen und er schrie sie an: »›Bitte‹, was soll das heißen. Was erlauben Sie sich eigentlich für Frechheiten?! Glauben Sie, Sie können mich erpressen?!« – Milena redete drauflos. Sie erzählte ihm, wie lange ich schon in Haft wäre, und meinte dann: »Ich dachte, Herr Ramdor, daß gerade Sie, als ein Deutscher, am besten wissen müßten, wozu wahre Freundschaft und Kameradschaft verpflichtet. Würden Sie Ihren Freund in einer solchen Situation im Stich lassen?« Und damit hatte sie gesiegt. Schließlich nahm Milena dem Gestapomann noch das Ehrenwort ab, daß er mich nicht umkommen lasse, und erst dann teilte sie ihm mit, welche Verbrechen im Krankenrevier begangen wurden. Das war natürlich für Ramdor nichts Neues. Aber daß sich Dr. Rosenthal die goldenen Zähne der Toten aneignete, das ging zu weit. Der Arzt und seine Geliebte wurden verhaftet. – Was aber wäre mit Milena geschehen, wenn Ramdor den SS-Arzt Rosenthal gedeckt hätte? Man hätte keinen Tag verstreichen lassen,

sie zu ermorden. Sie wußte es, und trotzdem wagte sie diesen Gang. Solange sie angriff, vergaß sie die Bürde ihres kranken Körpers. Aber dann folgte die lähmende Erkenntnis ihrer Schwäche. Ins Lager zurückgekehrt, überfiel sie panische Angst. Sie fürchtete, man würde sie durch eine Injektion umbringen.

Anfang des Jahres 1944 verschlechterte sich Milenas Gesundheitszustand bedrohlich. Es war ein neuer SS-Arzt ins Lager gekommen. Er hieß Dr. Treite. Er wirkte vertrauenswürdig. Milena sprach mit ihm von ihren Beschwerden. Als Treite erfuhr, daß sie die Tochter Professor Jan Jesenskys sei, bei dem er während seines Studiums in Prag gehört hatte, versuchte er, Milena zu helfen. Nach seiner Diagnose litt sie an einer vereiterten Niere, und da gäbe es nur noch *eine* Rettung: die Operation. Treite wagte es. Aber der Versuch, sie zu retten, kam zu spät. Milena starb am 17. Mai 1944. Sie starb ebenso heldenhaft, wie sie gelebt hatte.

Im Sommer 1923 war ich auf Besuch in Worpswede, in jenem Ort am Rande der Lüneburger Heide, der durch seine Künstlerkolonie bekannt wurde, die sich mit den Namen berühmter Maler wie Paula Modersohn-Becker, Hans am Ende und Mackensen verbindet. Ich wohnte damals im »Barken Hoff«, einem sehr schönen, großen Besitz mit einer Villa und ausgedehnten Ländereien, der dem Maler Heinrich Vogeler gehört hatte. Auch er zählte zur Künstlerkolonie, war Zeichner, Radierer, Maler, Innenarchitekt, Kunstgewerbler, Buchkünstler und Dichter, alles in einer Person. Seine zarten, an die Kunst des Biedermeier erinnernden Buchdekorationen, wie zum Beispiel die Illustrationen zu den Märchen von Oskar Wilde und zu von Hofmannsthals »Der Tor und der Tod«, schufen ihm einen großen Kreis von Bewunderern. Viele seiner Ölgemälde haben Vorfrühlingsstimmungen zum Vorwurf, wie überhaupt der Frühling ein immer wiederkehrendes Motiv in seinen Werken ist. Zu den bekanntesten Arbeiten in der Silberschmiedetechnik gehört das Bremer Ratssilber.
Über den Romantiker Vogeler schreibt Paula Modersohn-Becker: »Er ist nicht so ein Wirklichkeitsmensch wie Mackensen, er lebt in einer Welt für sich. Er führt bei sich in der Tasche den Walther von der Vogelweide und des Knaben Wunderhorn. Darin liest er fast täglich. Er träumt darin täglich . . . Im Atelier in der Ecke steht seine Gitarre. Auf ihr spielt er verliebte alte Weisen. Dann ist er gar zu hübsch anzusehen, dann träumt er mit seinen großen Augen Musik. Seine Bilder haben für mich etwas Rührendes. Er hatte sich die altdeutschen Meister zum Vorbild genommen . . .« Diese Tagebuchaufzeichnung

stammt vom Sommer 1897 und beschreibt uns den Maler als einen Idealisten, einen dem Märchenhaften und der Vergangenheit zugewandten jungen Mann, der innerhalb der damals neuen Künstlerkolonie in Worpswede das lyrische Element verkörperte.

Gleich nach dem Ende des Ersten Weltkrieges glaubte Vogeler, der sich immer schwer mit den Realitäten dieser Welt abgefunden hatte, das zu erstrebende Ideal gefunden zu haben. Seine Sehnsucht nach einer harmonischen, einer vollendeten Welt führte ihn zum Kommunismus. Das ist um so erstaunlicher, als er ja damals kein Jüngling mehr war. Aber gehörte er nicht eigentlich zu jenen Menschen, die nie erwachsen werden?

Demonstrativ kehrte er sich vom bürgerlichen Leben ab und gründete in Worpswede eine kommunistische Arbeitsschule. In welchen politischen Vorstellungen er in jener Zeit lebte, geht aus einer Veröffentlichung hervor, die er Ende Oktober 1918 schrieb und die unter dem Titel »Expressionismus der Liebe« in der Zeitschrift »Die Silbergäule«, Jahrgang 1919, im Hegemann Verlag erschien. Der Artikel beginnt mit dem Satz: »Wir stehen vor der grundlegenden Stufe aller Erkenntnis: Sie wird uns von der Anarchie unter den Staaten erlösen, sie wird uns endgültig von dem Kampfe mit der Waffe befreien und uns den Frieden bringen ...« Und endet mit dem Bekenntnis: »Nur die sozialistische Volksrepublik und ihre internationale kommunistische Tendenz kämpft in letzter Konsequenz für diese Ziele. Getrost können wir ihr die Führung zum wahren Frieden anvertrauen. Nur unter der roten Fahne der brüderlichen Gleichheit und Liebe zwischen den Menschen und Völkern werden wir alle imperialistisch und kapitalistisch orientierten Triebe der Friedensmoralisten erkennen und vernichten können. Auf zur gemeinsamen Arbeit!«

Bald darauf verschenkte er seinen Besitz, den »Barken Hoff«, an die kommunistische Organisation »Rote Hilfe«.
Als ich fünf Jahre später nach Worpswede kam, hatte sich der damals 50jährige Vogeler im Garten des »Barken Hoff« in eine Hütte zurückgezogen, das sogenannte Bienenhaus. Dort lebte er, der früher die Gesellschaft sehr geliebt hatte, das Leben eines Asketen, kleidete sich wie ein Büßer, ging in Holzschuhen und aß seine frugalen Mahlzeiten mit geschnitztem Löffel von hölzernem Teller.
Das größte Staunen lösten bei mir seine Bilder aus. Die neuen Wandgemälde in der Halle des »Barken Hoff« verrieten zwar noch den Romantiker, der mitgeholfen hatte, den Jugendstil zu schaffen. Aber die Komposition dieser Fresken war von den Expressionisten entlehnt und erinnerte in manchem an kommunistischen Agitprop. Ich konnte mich des Eindrucks nicht erwehren, als habe sich Vogeler zu dieser neuen künstlerischen Ausdrucksweise gezwungen.
Auf den Fresken kehrte stets eine Frauengestalt wieder, gesund und voller Lebenskraft. Ich erkundigte mich, wer diese Frau sei. Es war die »rote Marie«, ein Arbeitermädchen aus Bremen. Dort hatte sie sich, wie man erzählte, bei den revolutionären Kämpfen nach 1918 besonders hervorgetan. Als sie nach Worpswede kam, waren die etwas abseits lebenden Künstler von dieser unverfälschten Proletarierin fasziniert. Auch Heinrich Vogeler erlag ihrem Zauber. Vielleicht war sie für ihn die Verkörperung des neuen Frauenideals, die kraftvolle Göttin der Revolution, an die er jetzt sein Herz gehängt hatte.
Heinrich Vogeler, der zu »Menschenliebe als Tat« aufforderte, hat nicht nur den Kommunisten Stiftungen ge-

macht. Im Jahre 1929 kaufte er zusammen mit dem Schweizer Fritz Jordi ein verlassenes Dorf am Lago Maggiore und ließ, wiederum auf eigene Kosten, eine Reihe dieser verfallenen Häuser reparieren, um sie dann den Schweizer Gewerkschaften als Genesungsheim zur Verfügung zu stellen. Auch diese Häuser schmückte er mit Wandgemälden.

Nach seinem frühen, begeisterten Bekenntnis zum Kommunismus gab es auch bei Vogeler offenbar manchmal Zweifel an der Richtigkeit der Politik der kommunistischen Partei Deutschlands. Obwohl er sicher der einzige war, der jemals die kommunistischen Parteien mit so großzügigen Geschenken bedacht hat, hinderte das Wilhelm Pieck, den damaligen Leiter der »Roten Hilfe«, nicht, ihn als angeblichen Oppositionellen, nämlich Anhänger des wegen rechter Abweichungen kritisierten und seiner Funktionen enthobenen Heinrich Brandler, im Jahre 1927 aus dem Zentralkomitee der »Roten Hilfe« und aus der KPD auszuschließen. Aber das war nur der Anfang einer langen Kette von Demütigungen, die ihm jene zufügten, für die er bereit war, alles zu opfern. Was die Kommunisten nämlich damals und heute von schaffenden Künstlern hielten und halten, das verrät eine Veröffentlichung in der Zeitschrift »Gegner« vom Jahre 1920, deren Autor der Kommunist John Heartfield ist. Da kann man lesen: »Man wird dem Künstler den subjektiven Glauben an seine Eigenmächtigkeit zunächst am besten belassen ... Ein wichtiges Mittel, diesen Glauben nicht zu zerstören (wodurch der Künstler sonst in die Opposition gedrängt und für die Sowjetmacht schädlich würde), ist öffentliche Anerkennung, Kritik in der Presse usw., Hinzuziehung von Künstlern zu allerlei begrenzten Fragen, wo sie dann ruhig tonangebend sein können ... Die Meinung, irgendeine Rolle zu spielen, ist von großer Bedeutung für das Wohlgefühl dieser Kreise, und dies ist bei einiger Geschicklichkeit ungemein leicht zu erzielen.«

Zwar ist dieses Zitat aus dem Jahre 1920 auf den Künstler im Sowjetstaat gemünzt, aber es läßt sich wohl mühelos erweitern auf jeden Künstler und jeden Intellektuellen, der in den Bannkreis des Kommunismus gerät. Der einzige Unterschied ist der, daß es dem Künstler und Intellektuellen im Sowjetstaat nicht möglich ist, die Konsequenzen zu ziehen und seiner Wege zu gehen. Auch dafür hat Heartfield ein Mittel bereit:

»Sollten einige wenige konsequente Anhänger des Kapitalismus konterrevolutionäre Propaganda treiben, so wird die Diktatur schon Mittel finden, um sie zu nützlicherem Tun zu bewegen.«

Jahre später hörte ich wieder von Heinrich Vogeler. Er hatte inzwischen Sonja, die Tochter des bekannten polnischen Kommunisten Karski, geheiratet und war mit ihr im Jahre 1930 nach Sowjetrußland gegangen. Obgleich sich Vogeler heftig bemühte, seine Kunst in den Dienst des sozialistischen Aufbaus zu stellen, gelang es ihm doch nicht, den Beifall der sowjetischen Kulturpäpste zu erlangen und Bilder im Stile des sie befriedigenden »sozialistischen Realismus« zu produzieren.

1935 hatte die russische kommunistische Partei meinen Freund, den ungarischen Schriftsteller Joseph Lengyel, strafweise zur »gesellschaftlichen Massenarbeit« in den Moskauer Kulturpark geschickt, weil er sich als Redakteur der ungarischen Kominternzeitschrift angeblich »schwerer Abweichungen von der Parteilinie« schuldig gemacht hatte. Er erhielt zur Strafe eine »strenge Rüge mit letzter Verwarnung« und landete in der »Kulturbase« dieses seltsamen Parks, in dem man den erholungssuchenden Bewohnern Moskaus zu gleichen Teilen Vergnügen, Belehrung und Kulturerziehung vorsetzt, ein Programm, bei dem das Vergnügen total abhanden kommt, weil man nie das Gefühl los wird, ein Pensum erledigen zu müssen. Joseph Lengyels Bestrafung bestand darin, daß er in einem Sperrholzpavillon die Parkbesucher an die Kultur »heranbringen« und außerdem mithelfen mußte, Volkstänze und andere Massenspiele zu organisieren. Er bemühte sich redlich, um bei der nächsten Parteireinigung das Parteibuch nicht ganz zu verlieren. So veranstaltete er als Tribut an den Internationalismus eine Ausstellung der Werke Heinrich Vogelers. Ich kam als Besucher in seinen Pavillon, gespannt, wie sich der Romantiker Vogeler seit 1923 entwickelt habe, welchen Einfluß die »sozialistische Kultur Sowjetrußlands« auf ihn ausgeübt haben mochte. Was ich da an Gemälden sah, hatte nichts mehr mit dem Worpsweder Maler zu tun. Nicht einmal mehr Spuren seiner früheren Schaffensweise waren festzustellen. Auf großformatigen Bildern suchte er die mächtigen Leistungen der Fünfjahrespläne zu verherrlichen. So wurde auf einem dieser Gemälde von links oben nach rechts unten fortlaufend der Arbeitsprozeß dargestellt, den das Holz nach dem Fällen im Walde, über das Sägewerk, die Papierfabrik, bis zum Druckerzeugnis zu durchlaufen hat. Dieses seltsame Kunstwerk wirkte wie eine Art Unterrichtstafel. Ich verließ die Ausstellung mit einem Gefühl der Trauer. Aber nicht nur der Maler Heinrich Vogeler sollte in Sowjetrußland zugrunde gehen, sondern auch Heinrich Vogeler, dem Menschen, war kein besseres Los beschieden.

Von dieser für einen Maler wie Vogeler geradezu beleidigend unbedeutenden Ausstellung abgesehen, schwieg man ihn in Sowjetrußland tot. Nur einmal tauchte sein Name während des berüchtigten Stalin-Hitler-Paktes auf, als man deutsch-russischen Kulturaustausch nötig hatte. Damals schrieb Durus, der ehemalige Kunstkritiker der Berliner »Roten Fahne«, der Vogeler bis dahin stets auf das bösartigste heruntergerissen hatte, plötzlich einen anerkennenden Aufsatz über sein Werk. Sonst wurde er weder von der Partei noch vom Staat in seiner Arbeit gefördert. Er zahlte jahrelang Beiträge in eine Moskauer Baudarlehenskasse ein, hat es aber bis zu seiner Verbannung im Jahre 1941, d.h. während eines elfjährigen Aufenthalts in Sowjetrußland, weder zu einem Atelier noch zu einer eigenen Wohnung gebracht. Im Jahre 1936 lebte er in Moskau, wie Frau Ada von Bastineller in einem Artikel schreibt, »in unvorstellbarer Armut. 70 Jahre war er alt, und die russische Regierung zahlte ihm 200 Rubel im Monat ›Pension‹. Seine frühere Frau Sonja M. räumte ihm aus Gnade ein etwa 10 Quadratmeter großes Zimmer ein, in welchem er schlief, kochte, Wäsche wusch und malte. Ja, so was gibt's im fortschrittlichsten Land der Welt. 200 Rubel – dafür konnte man Brot und Salz kaufen . . . Also . . . Vogeler hungerte . . .« Als sich die deutschen Armeen Moskau näherten und sich die deutschen führenden Kommunisten neue und gesichertere Unterkünfte und Wohnungen beschafften, kümmerte man sich nicht um ihn. Er wurde trotz seines Alters verschickt; nicht etwa evakuiert, wie das die Herren Kommunisten heute behaupten. Zuerst mußte er sich an der Sammelstelle im Osten der Stadt melden und von dort in kilometerlangen Märschen bis zum Deportationspunkt gelangen. Und dann begann der qualvolle Transport nach Kasakstan in Asien, wo er als Verbannter unter den erbärmlichsten Bedingungen lebte.

Jahre des Krieges waren bereits vergangen, als sich einige in Moskau verbliebene deutsche Schriftsteller Vogelers erinnerten und ihm ein Paket in die Einöde sandten. Theodor Plivier erhielt darauf einen Brief von ihm und brachte dieses letzte Lebenszeichen im Jahre 1949 nach dem Westen:

»... Wir sind hier in einem Tal. Gar nicht streng bewacht, da wir ja auch alle treu Ergebene des Sowjetregimes sind. Natürlich ist die Nahrung nicht zum allerbesten, aber manchmal hilft die Natur nach. Das aber ist nicht mein Kummer. Ich wünschte mir nur, daß die Partei doch noch für mich Verwendung hätte. Könntet Ihr für mich nicht ein Wort einlegen dort in Moskau? Ihr wißt, daß ich zu allem bereit bin. Meine Gesundheit ist nicht zum besten. Das Schlucken macht mir schon Schwierigkeiten. Schickt besser keine Pakete mehr ...«

Vogeler litt an Hungerödemen und starb am 14. Juni 1942. Unter welch erbärmlichen Umständen er starb, schreibt ebenfalls Frau von Bastineller: »Zufällig traf ich Ende 1942 einen Moskauer deutsch-russischen Friseur, der Vogeler gekannt hatte. Er sagte mir wörtlich: ›Ja, dem hab' ich die Läuse vom Gesicht und der Pferdedecke gepflückt.‹ Er sagte ›gepflückt‹. ›Und die Augen hab' ich ihm auch zudrücken können‹, erzählte er dann noch ...«

Alfred Kurella war der erste aus der »DDR«, der in Worpswede auftauchte, um mit dem Werk Vogelers kommunistische Propaganda zu betreiben. Er erschien im Sommer 1955 bei der fünfundsiebzigjährigen Witwe Heinrich Vogelers und überbrachte ihr die Mitteilung, daß man beabsichtige, die Werke Heinrich Vogelers, die er während seines Aufenthaltes in Sowjetrußland geschaffen habe, in Worpswede auszustellen. Kurella verschwieg natürlich, daß hinter dieser Ausstellung die KPD und ihre »Sympathisanten« standen. Auf die Frage, unter welchen Umständen Heinrich Vogeler in Sowjet-

rußland eigentlich ums Leben gekommen sei, antwortete Kurella:
»Er starb im Hause eines Hirten, im friedlichen Kontakt mit der bäuerlichen Bevölkerung der Sowjetunion . . .«
Im Prospekt zu dieser ersten Ausstellung, der in den nächsten Jahren weitere folgten, prangte der Artikel von Durus aus dem Jahre 1940, aus jener Zeit, als die Sowjetherren mit Hitlerdeutschland Kultur austauschten. Vogeler, ein sehr sanfter Mensch, der immer geneigt war, von seinen Mitmenschen nur das Beste zu denken, äußerte über jenen Durus, der damals im Interesse der sowjetischen Außenpolitik sein Werk verherrlichen mußte:
»Dieser Kerl, dieser Durus, ist schlimmer als eine Wanze . . . «
Der Heinrich Vogeler, den ich 1923 in Worpswede traf, war voll gläubigen Vertrauens. Er ahnte nicht, daß auch er einmal den Passionsweg der Idealisten und schöpferischen Menschen in der Sowjetunion gehen sollte, bis zum bitteren Ende in Einsamkeit, Hunger und Verzweiflung; er ahnte nicht, daß er eines Tages seinen Utopismus mit dem Leben bezahlen sollte.

Im Februar 1927 hatte die Liga gegen Imperialismus unter der Führung von Willy Münzenberg in Brüssel einen Kongreß gegen koloniale Unterdrückung abgehalten. Offiziell bestand zwischen den Organisatoren dieser Begegnung von Vertretern aus vielen Kolonialländern und der Kommunistischen Internationale in Moskau keinerlei Verbindung. Inoffiziell aber besorgte die Liga gegen den Imperialismus die Moskauer politischen Geschäfte. Zu den von der Komintern nach Brüssel gesandten Emissären gehörte auch Besso Lominadse, ein Mitglied des Exekutivkomitees der Kommunistischen Jugendinternationale. Ich traf ihn auf einer Abendgesellschaft in Berlin, die Münzenberg zu Ehren der Delegierten des Brüsseler Kongresses veranstaltete.
Den Georgier Lominadse konnte man schwerlich übersehen. Er war von riesenhaftem Wuchs. In seinem Gebaren erinnerte er mich lebhaft an Pierre, den Helden in Tolstois »Krieg und Frieden«, denn genauso wie dieser wirkte Lominadse merkwürdig ungelenk, ja unsicher; so, als wolle er sich ständig entschuldigen wegen seiner enormen Größe. Dazu ging er leicht vornübergebeugt, um mit dem Kopf nicht an irgendeinen Türrahmen zu stoßen, und blinzelte ununterbrochen, ob aus Kurzsichtigkeit oder aus Verlegenheit, das konnte ich nicht ergründen. Er unterschied sich aber auch sonst von der üblichen Art der führenden Kommunisten. Er war nämlich weder überheblich noch arrogant. Ihm fehlte die Selbstsicherheit der KP-Prominenz, die alles besser wissen will und auf alles eine fertige Antwort parat hat. Es ist möglich, daß er diese kommunistischen Eigenschaften im Jahre 1927, als ich ihn das erste Mal sah, bereits einge-

büßt hatte. Vielleicht fraß schon damals der Zweifel an seinem Herzen.
Was für ein Mensch dieser auffallende Kaukasier wirklich war und welche Rolle er nach 1917 im Komsomol und in der Kommunistischen Jugendinternationale gespielt hatte, erfuhr ich erst durch meinen Lebensgefährten Heinz Neumann, den eine über zehn Jahre währende enge Freundschaft mit Lominadse verband. »Lomi«, wie er ihn nannte, wurde für Neumann das große Vorbild. Für ihn verkörperte er alle erstrebenswerten menschlichen und männlichen Eigenschaften. Lominadse wie Neumann hatten einen starken Hang zur Lyrik; außerdem verband sie eine Bewunderung für geistige Werte. — Als ich Heinz Neumann kennenlernte, ließ er mir keine Ruhe, bis auch ich Lominadses Lieblingslied auf georgisch singen konnte, obgleich ich keine Ahnung von dieser Sprache hatte. Doch die zärtlich-traurige Melodie des Liedes entzückte mich und bald konnte ich auch seine Worte: »Tawo tschemo, bedi argit sgeria; Tschango tschemo eschit argit sgeria . . . « (Oh, du mein Haupt, dir ist kein Glück beschieden; du meine Laute singst keine frohen Lieder . . .).
Damals gegen Ende der zwanziger Jahre ahnte ich nicht, wie sehr dieses Lied Lominadse entsprach und wie schnell ein unerbittliches Schicksal ihn, Neumann und deren Freunde aus der Schar der jungen Bolschewiken hinwegraffen sollte.
Lominadse stammte aus Suchum und wuchs als Sohn einer georgischen Bürgerfamilie auf. Im Jahre 1917 begann er zu studieren. Nach der Machtergreifung der Bolschewiki in Rußland wurde er Mitglied des russischen Kommunistischen Jugendverbandes, des Komsomol, gab sein Studium auf und stellte sich dem kommunistischen Staat, der einen jahrelangen Bürgerkrieg führte, restlos

zur Verfügung. Im März 1921 folgte er dem Aufruf der Partei und meldete sich als Freiwilliger zur Niederschlagung des Kronstädter Aufstandes. Für seine Tapferkeit bei diesen Kämpfen erhielt er den Orden der Roten Fahne...

Der Aufstand in Kronstadt war die erste Revolte aus den eigenen Reihen gegen die Diktatur der Kommunistischen Partei. Dieselben Matrosen der Ostsee-Flotte, die neben den lettischen Schützenregimentern während und nach der Oktoberrevolution die Elite bildeten, auf die sich die bolschewistische Partei nicht nur militärisch, sondern auch politisch gestützt hatte, wandten sich am 1. März 1921, zusammen mit Soldaten der Roten Armee, mit Arbeitern und fast der ganzen Bevölkerung Kronstadts gegen die Diktaturmethoden der Kommunistischen Partei. Die Festung und der Ort Kronstadt liegen auf einer Insel, die Petrograd, dem späteren Leningrad, vorgelagert ist.

Dieses Aufbegehren begann einige Tage vor dem 1. März 1921 mit Demonstrationen auf zwei Kriegsschiffen. Die Besatzung protestierte gegen die brutale Art und Weise, mit der der Petrograder Stadtsowjet unter Leitung von Grigori Sinowjew die selbstverständlichsten wirtschaftlichen und politischen Forderungen der Petrograder Arbeiter unterdrückte. Diese Sympathiekundgebung war der Auftakt zur Revolte. Am 1. März fand in Kronstadt eine Riesenversammlung statt, deren Teilnehmer, unter ihnen viele Mitglieder der Kommunistischen Partei, in einer Resolution sofortige freie Wahlen zum Kronstadter Sowjet verlangten. Sodann schickte die Versammlung eine Abordnung von 30 Mann, um den Streikenden in Petrograd ihre Forderungen zu überbringen. Die Delegation wurde bei der Ankunft in Leningrad von der sowjetischen Staatspolizei, der Tscheka, verhaftet. Alle 30 Delegierten verschwanden spurlos. Das war der erste Schlag gegen Kronstadt. Am Tage darauf traten die Matrosen und Arbeiter zu einer Delegiertenkonferenz zusammen, auf der Kusmin, der Kommissar der sowjetrussischen Ostseeflotte, sowie der Vorsitzende des Kronstadter Sowjet, der Kommunist Wassiliew, in ihren Reden die 300 gewählten Vertreter der Matrosen und Arbeiter auf empörende Weise provozierten. Sie stritten nämlich rundweg ab, daß es in Petrograd zu irgendwelchen Streiks, Aussperrungen und Demonstrationen der Arbeiter gekommen sei. Außerdem bedrohten sie die Delegierten mit strengen Vergeltungsmaßnahmen.

Da schlug die Stimmung der Versammelten jäh um, sie wurde eindeutig antibolschewistisch. Das Präsidium der Konferenz, das aus Matrosen und Arbeitern gebildet worden war, erfüllte die Forderung der Delegierten und ließ die beiden Vertreter der kommunistischen Staatsmacht in Schutzhaft nehmen. Dann übernahm das Präsidium die Funktionen eines »Provisorischen Revolutionskomitees«, das in Kronstadt für Ruhe und Ordnung sorgen sollte. Ein von Wladimir Iljitsch Lenin und Leo Trotzki unterzeichneter Erlaß vom 2. März 1921 beschuldigte die Kronstädter der Meuterei und behauptete, daß die Matrosen »Werkzeuge ehemaliger zaristischer Generäle« seien. Mit einem Wust von Lügenmeldungen begann die kommunistische Regierung die Bevölkerung Sowjetrußlands systematisch gegen Kronstadt aufzuhetzen.

Auf der Inselfestung selbst herrschte inzwischen eine enthusiastische Stimmung allgemeiner Verbrüderung. Fieberhaft konzentrierte man sich auf die Vorbereitungen zur ersten echten und gerechten Wahl zum neuen Stadtsowjet. Typisch für die Stimmung und Haltung der Befreiten ist ein Funkspruch, der am 6. März 1921 in die Welt hinausgesandt wurde. In ihm heißt es: »Unsere Sache ist gerecht; wir kämpfen für die Macht der Räte, nicht der Parteien. Wir treten ein für die freie Wahl von Vertretern der arbeitenden Klassen. Die kommunistisch gelenkten Räte waren unseren Nöten und Forderungen gegenüber immer taub: Sie antworteten nur mit Kugeln ...«

Am 5. März stellte der Kriegskommissar Trotzki ein Ultimatum an Kronstadt. Dem folgte ein Erlaß, der den Satz enthielt: »Ich werde euch abknallen wie die Fasane!« – Und diese Drohung wurde wahrgemacht. Am 7. März nahm man von Petrograd aus die Stadt unter Artilleriebeschuß. Zehn Tage lang stürmten Freiwillige aus dem Komsomol, unter ihnen Besso Lominadse, mit Schneehemden getarnt, über das Eis der zugefrorenen Meeresbucht gegen die Festung Kronstadt an. Sie erlitten große Verluste, denn die Kronstädter verteidigten ihre junge Freiheit wie die Löwen. Am 17. März 1921 wurde die Stadt genommen, ein entsetzliches Gemetzel begann.

Wofür diese einfachen russischen Matrosen und Arbeiter, die ehemaligen Helden der Oktoberrevolution, gekämpft haben und weshalb sie erschlagen wurden, beantwortet ein Artikel der Kronstädter »Iswestija« vom 8. März 1921. In ihm heißt es: »Von der Oktoberrevolution hatte die Arbeiterklasse ihre Befreiung erhofft. Sie führte aber nur zu einer noch größeren Versklavung der menschlichen Persönlichkeit. Die Macht des zaristischen Polizeistaates fiel in die Hände von Usurpatoren, den Kommunisten, die, anstatt dem Volke die Freiheit zu geben, es von der Tscheka terrorisieren ließen, deren Terror sogar den des zaristischen Polizeisystems übersteigt. Am furchtbarsten ist die geistige Knebelung des Volkes durch die Kommunisten, die jeden zwingen, nach kommunistischer Vorschrift zu denken, und die ihre Hand auf die Seele der arbeitenden Massen gelegt haben ... In

Kronstadt wird das Banner der Rebellion gegen die dreijährige Tyrannei und Unterdrückung der kommunistischen Autokratie erhoben ... Ohne einen einzigen Schuß, ohne auch nur einen Blutstropfen zu vergießen, wurde der erste Schritt getan. Die arbeitenden Klassen verlangen kein Blut; sie werden es nur für die Verteidigung ihres Lebens vergießen ...«

Auf alle Fragen Heinz Neumanns, die die Teilnahme der Niederschlagung des Kronstädter Aufstandes betrafen, verweigerte Lominadse die Antwort. Den Orden der Roten Fahne trug er niemals, denn er schämte sich dieser Auszeichnung.

Schon im Jahre 1924 hatte Heinz Neumann Besso Lominadse in Moskau kennengelernt. Durch ihn wurde er nicht nur mit Stalin, Ordshonikidse, Jenukidse und anderen Kaukasiern aus der Führung der kommunistischen Partei bekannt, Lominadse brachte ihn auch zu seinen Freunden aus dem Komsomol. Zu dieser Zeit gehörte Lominadse zum Exekutivkomitee der Kommunistischen Jugendinternationale. Alle diese jungen Leute um Lominadse hatten der Kriegskommunismus, die Jahre des Bürgerkrieges, geformt, und als die kriegerischen Zeiten endeten, wurden die nun 25jährigen, die im allgemeinen keinen Beruf erlernt hatten, politische Funktionäre. Für manchen begann die alte Tragödie des Revolutionärs und Kämpfers, der in einem geordneten Leben versagt, und anderen ging sehr bald der Unterschied auf, der zwischen den hochfliegenden Plänen und Gelöbnissen der Oktoberrevolution und der politischen Realität nach der Eroberung und Festigung der Macht durch die Bolschewiken bestand.

Wenn mir Heinz Neumann von seinen verschiedenen Aufenthalten in Sowjetrußland um die Mitte der zwanziger Jahre erzählte, hatte ich immer das Gefühl, als ob diese jungen sowjetischen Intellektuellen sich in wilden Gelagen und allen möglichen Streichen einen Ersatz schaffen wollten für das erregende Leben der Bürgerkriegszeit. Man ging die verrücktesten Wetten ein. So zum Beispiel: Wer wagt es, das Eis der Moskwa aufzuschlagen und ins Wasser zu springen? Lominadse tat es und landete ein paar Tage später im Spital, wo ihm nach langer Krankheit eine Niere herausgenommen wurde.

Lominadse und die meisten seiner Freunde waren Anhänger Stalins. Im Jahre 1927 schickte Stalin zuerst Lominadse und einige Wochen später auch Heinz Neumann als Komintern-Emissäre in die chinesische Hafenstadt Kanton. Falls sie dort eine revolutionäre Situation vorfänden – lautete ihr Auftrag – und sie wußten, daß Stalin eine solche erwartete, sollte die kommunistische Parteiorganisation Kantons einen Aufstand entfesseln. Stalin brauchte dieses Zeichen einer ansteigenden revolutionären Welle in China, brauchte diesen Theatercoup, in seiner parteiinternen Auseinandersetzung mit Leo Trotzki, seinem erbittertsten Gegner. Den als »Kantoner Aufstand« in die Geschichte eingegangenen Putsch schlugen die Truppen der Kuomintang-Regierung schon nach einigen Tagen blutig nieder.

Ende 1928, beim Beginn der Parteikampagne, die der Kollektivierung der russischen Landwirtschaft vorausging, schickte Stalin seine treuesten Anhänger, die Lominadse, Schatzkin, Sten und Syrtzow, an besonders schwierige Stellen des Landes, wo man den heftigsten Widerstand der Bauern gegen die Kollektivierung, gegen den Raub von Land, Vieh und Ackergeräten erwartete. Lominadse wurde zum politischen Sekretär der Kommunistischen Partei des Transkaukasus ernannt und hatte die Kollektivierung in diesem Gebiet durchzuführen. Schon um die Jahreswende 1929/30 befahl die KPdSU mit der Parole »Liquidierung des Kulakentums« alle Art Zwangsmaßnahmen gegen die Bauern, die sich nicht freiwillig den Kollektiven anschlossen. Verhaftungen, Erschießungen und Massendeportationen gehörten von nun an in den Dörfern zur Tagesordnung. Die Mehrzahl der russischen Bauern leistete bei der Zwangskollektivierung keinen aktiven Widerstand. Sie übten passive Resistenz: Sie hörten auf zu säen und zu ernten. Als Folge davon wurde das Land von einer Hungerkatastrophe größten Ausmaßes heimgesucht.

Im Jahre 1930, gerade zu der Zeit, als in Stalins Auftrag die rabiatesten Methoden in den Dörfern angewandt wurden, ließ er im Zentralkomitee der KPdSU einen Beschluß fassen »über die Bekämpfung der Verzerrung der Parteilinie in den Kollektivwirtschaften«. Er ließ also offiziell Kritik an seinen eigenen Methoden üben, wusch jedoch seine Hände in Unschuld und schob die Schuld für die schrecklichen Folgen der Zwangskollektivierung eben jenen zu, die die Beschlüsse der Partei hatten durchführen müssen.

In dieser Situation formierte sich die Lominadse-Schatzkin-Opposition gegen ihren ehemaligen Meister. Bei einer ihrer zahlreichen geheimen Fraktionssitzungen ereignete sich Folgendes: Die Sitzung der Opposition fand in einem Hause statt, das neben einem Friedhof lag. Während einer der Gruppe eine Rede hielt, deutete er durch das Fenster zum Friedhof hinaus und rief voller Pathos: »Wir werden nicht nachlassen in unserem Kampf gegen Stalins Willkürherrschaft, selbst wenn wir alle dort landen müßten! . . .«

Es dauerte nicht lange, bis die Spitzel in der Partei hinter diese Fraktionsarbeit kamen. Noch 1930 wurden alle Mitglieder der Gruppe zuerst einmal aus ihren Parteifunktionen geworfen und dann kaltgestellt, das heißt, sie erhielten keine Arbeit mehr. Doch waren sie noch nicht lange abgesägt, als Sergo Ordshonikidse, der damalige Volkskommissar für die Schwerindustrie, sich über die zu dieser Zeit üblichen Gepflogenheiten gegenüber politisch Geächteten hinwegsetzte, die Arbeitslosen zu sich rief und ihnen den Vorschlag machte, zu ihm in die Schwerindustrie zu kommen. Dieses Angebot war geradezu ein Affront gegen das Machtwort des Generalsekretärs der Partei, gegen Stalin. Eingeweihte wußten, daß Ordshonikidse damals das einzige Mitglied des Politbüros der KPdSU war, der es wagte, Stalin entgegenzutreten.

Lominadse legte in kürzester Zeit sein Ingenieurexamen ab und wurde bald darauf von Ordshonikidse nach Magnitogorsk zum Aufbau des großen Erzkombinats am Ural geholt. Doch bevor er diese Arbeit antrat, sollte ich ihn noch einmal wiedersehen. Das war im Mai 1931. Heinz Neumann und ich besuchten ihn im alten Moskauer Regierungshaus. Seit dem Brüsseler Kongreß hatte sich Besso sehr verändert. Sein Gesicht unter dem dichten, schwarzen Haar wirkte müde und war von krankhafter Blässe. In seinem Zimmer forderte er uns mit schüchternen Bewegungen unter vielen Entschuldigungen zum Sitzen auf. Es gab nämlich nur zwei Stühle, so daß einer von uns auf der eisernen Feldbettstelle Platz nehmen mußte. Ein rohgezimmertes Holzgestell, das die ganze Wand bis hinauf zur Decke einnahm, war gestopft voll mit lauter broschierten unansehnlichen Bänden, die vom vielen Gebrauch schon ganz zerfleddert waren. Um den kleinen, wackligen Tisch herum, an dem Lominadse arbeitete, häuften sich Papiere und Bücher am Fußboden.

Als wir Lominadse besuchten, wußte Heinz noch nichts von dessen Fraktionstätigkeit. Nur eines fühlte er mit

Schmerzen, daß ihm sein Freund Besso nicht mehr traute. Einige Tage vorher kam er nämlich unangemeldet in dessen Wohnung und traf Lominadse im Kreise einiger gemeinsamer Freunde. Sie verstummten sofort, als er das Zimmer betrat, und wechselten mehr als ungeschickt das Gesprächsthema. Als Heinz dann irgendeine Äußerung über ein sowjetrussisches Problem machte, brach Besso in höhnisches Gelächter aus und beschimpfte ihn vor allen anderen als einen idiotischen Phantasten, der von der wirklichen Situation in ihrem Lande keinen blassen Dunst habe. –

Bevor wir abreisten, zog es Heinz noch einmal zu seinem Freund. Diesmal waren sie allein. In tiefer Resignation sprach Lominadse von der Zukunft. Er sagte, man müsse das Schlimmste erwarten, denn Stalin, der wie ein kaukasischer Weinbauer in der Gedankenwelt der Blutrache lebe, werde seine Macht dazu benutzen, die Reste der Freiheit in Sowjetrußland durch Mord zu ersticken und die kommunistischen Bewegungen des Auslandes für seine größenwahnsinnigen Ziele zu opfern. Heinz Neumann war tief betroffen. Zum Abschied von Lominadse ahnte er nicht, daß er seinem Freund das letzte Mal die Hand drückte.

Mit dem Tage seiner Ankunft in Magnitogorsk entfaltete Lominadse in seiner Funktion als politischer Sekretär eine fieberhafte Tätigkeit. Als Leiter der Parteiorganisation dieses riesigen Werkes hielt er unzählige Fäden in seiner Hand und sein Einfluß erstreckte sich auf Hunderttausende. Er arbeitete Tag und Nacht, sprach in Versammlungen vor Funktionären, Ingenieuren und Arbeitern. Er kümmerte sich um alles und versuchte mit allen Mitteln, die schändlich schlechten Lebens- und Arbeitsbedingungen der Belegschaft zu verbessern. So protestierte er energisch gegen das schlechte Essen für die Arbeiter und forderte von der Kombinatsleitung, daß diese soviel Brot bekommen müßten, wie sie verlangten. Die ihm Nahestehenden hatten den Eindruck, als wolle Lominadse durch diesen wilden Tätigkeitsdrang seinen quälenden politischen Erkenntnissen entfliehen und dem Leben auf irgendeine Weise doch einen Sinn geben.

Dann kam das Ende. Mitte Dezember 1934, zwei Wochen nach der Ermordung Sergej Kirows, des Parteisekretärs von Leningrad, einer schändlichen Provokation Stalins, wie sich später herausstellen sollte, wurde Lominadse zum Distriktchef der GPU nach Tscheljabinsk gerufen. Auf der Fahrt dorthin schoß er sich zwei Kugeln in die Brust. Beide verfehlten das Herz. Er lebte noch und war bei vollem Bewußtsein, als ihn der Chauffeur ins Krankenhaus von Magnitogorsk brachte. Lominadses Frau wurde gerufen, und mit letzter Kraft flüsterte er ihr zu: »Sage dem Arzt nicht, daß ich wegen der Niere keine Narkose vertrage. Ich will sterben . . .« Er starb während der Operation.

Einer seiner engen Vertrauten sagte voller Bewunderung: »Besso war ein großer Mensch. Er wußte, wann es Zeit ist, zu sterben . . .« Manche seiner Freunde folgten Bessos Beispiel, starben durch eigene Hand. Alle anderen wurden von der GPU ermordet.

Sergo Ordshonikidse ließ ein feierliches Leichenbegängnis für Lominadse anordnen. Bei der Beerdigung liefen ihm die Tränen übers Gesicht. Doch die Blumen auf dem frischen Grab waren noch nicht verwelkt, als bereits eine hämische Pressekampagne gegen die »faschistisch-trotzkistischen Verräter« Lominadse, Schatzkin und Konsorten entfesselt wurde. Vielleicht beweinte Ordshonikidse nicht nur das Schicksal Lominadses, sondern auch das der Revolution und sein eigenes, denn schon anderthalb Jahre später ließ Stalin ihn vergiften.

Nachwort

Vielleicht ist es mir gelungen, mit der Nacherzählung dieser tragischen Schicksale Herz und Gewissen meiner Leser anzurühren. Es könnte aber auch sein, daß manch einer, aus welchem Grund auch immer, an der Glaubwürdigkeit dieser Erlebnisse zweifelt. Deshalb möchte ich nachdrücklich versichern, daß die erschütternden Begebenheiten, über die hier berichtet wird, nicht etwa meiner Phantasie entsprangen. Nein, sie sind grausame Wirklichkeit.

Ich gab wahrheitsgetreu das wieder, was mir Menschen, die der Hölle entrannen, erzählt haben, und auch einiges, was ich selbst während sieben Jahren in Gefängnissen und Konzentrationslagern erlebte.

M. Buber-Neumann